U0475708

刘毓标同志
(1908—1997)

赵倩同志
(1917—2008)

1950 年在上海

1988 年在江苏海安

1960 年，全家合影

1996 年，全家合影

红色年轮

我的父亲
刘毓标

MY FATHER
LIU YUBIAO

开国将军的戎马人生

刘华苏 ◎ 著

中国书籍出版社
China Book Press

"红色年轮"丛书
编委会名单

主　　编：郝振省　胡石英
副 主 编：王　平　狄晓红　李新星
执行主编：余　伟　庞　元
顾　　问：裴周玉

Foreword

前　言

  在长达70年的革命生涯中，我的父亲刘毓标始终坚贞不渝地忠诚于党、忠诚于人民，直到离世前他还在关心着党的事业、关心着人民的生活。

  父亲于1908年10月18日出生在江西省横峰县葛源镇的一个贫农家庭里。在方志敏同志的启迪和引导下，父亲接受了革命思想，于1927年4月毅然投身革命。在参加了"弋横暴动"之后，父亲在1928年8月光荣地加入了中国共产主义青年团，两年后加入中国共产党。

  在土地革命战争时期，父亲先后担任了乡苏维埃主席、中共区委书记、县委组织部长、县委书记、中心县委书记、皖浙赣省委组织部长、红军独立团政委等职务，参加了创建和发展赣东北苏区的斗争。

  1934年8月，在党的领导下，父亲成功地组织群众发动了著名的"柯村暴动"，创建了皖南第一个苏维埃政权。在艰苦卓绝的三年游击战争中，父亲英勇顽强地与同志和群众一起坚持斗争，共同开辟了皖浙赣游击根据地。

  1937年3月，父亲在战斗中身负重伤被敌军俘获。面对敌人的威逼利诱和严刑拷打，遭受了残忍迫害的父亲宁死不屈，在狱中与敌人坚持斗争，保持了共产党员崇高的革命气节。父亲被营救出狱后，只身返回根据地，冒着被自己人怀疑和错杀

前　言

的风险，将当时新的形势和方针政策传达给皖赣红军游击队党组织。

抗日战争爆发之后，父亲先后担任了新四军一支队政治部总务科科长、新四军江北指挥部教导大队教导员、新四军江北干部学校政治处主任、抗日军政大学五分校政治部副主任兼组织科科长、新四军直属政治处主任、五十二团政委、抗大八分校政委、淮南军区津浦路东军分区副政委兼政治部主任等职务。父亲对每一个领导岗位都十分认真，坚决执行上级指示，积极做好思想政治工作，为党和军队输送了大批军政干部，为抗日战争的胜利作出了积极贡献。

解放战争时期，父亲相继担任了淮南军区津浦路西分区兼新四军二师六旅副政委、华东野战军第十一纵队三十一旅政委、三十二旅政委、第三野战军第八十六师政委、第二十九军政治部主任等职务。在通榆线阻击战和苏中敌后斗争中，父亲率部队奔赴前线，冒着枪林弹雨坚持做好思想宣传工作，有力地配合了解放军在华东正面战场的作战。随后，父亲又率部队参加了淮海、渡江、淞沪、福州、漳厦等重大战役，为中国人民的解放事业尽了自己的一份力量。

新中国成立之后，父亲先后担任了第二十九军副政委兼政治部主任、政委和华东军区装甲兵政委，领导组建了华东军区装甲兵。1955年，在新中国首次授衔中，父亲光荣地被授予了少将军衔，并荣获二级八一勋章、一级独立自由勋章、一级解放勋章。

Foreword

　　1955年下半年的"肃反"审干中,父亲在1937年的那次入狱经历被定为"悬案",让他在此后的25年里蒙冤受屈,被迫离开军队。但是,父亲始终坚守信念,在江苏省民政厅厅长、省政协副主席的岗位上,继续勤勤恳恳地为人民尽心竭力工作,表现了一位老共产党员、老红军的高尚节操。直到1980年,经江苏省委复查并报中央批准,父亲才得以彻底平反。

　　父亲的一生都是在坚持革命精神、全心全意为党的事业奋斗的过程中度过的。从参加革命的那一刻起,共产主义就成为了他此生唯一的信仰,正是这种坚定的信念,使得他对党和人民都表现出了无限的忠诚。无论是在土地革命战争中、在抗日战争中、在解放战争中,还是在建国后各个工作岗位上,父亲始终以党和人民的利益为重,从来不计较个人得失,始终保持了作为一名共产党员的纯洁、高尚的政治情操。

目录

第一章 从放牛娃到共产党员　1

映山红盛开的地方 // 2

佃户家的孩子没有童年 // 7

劳碌的少年时代 // 9

不愿做奴隶的人们 // 14

共产主义暖人心 // 19

第二章 向土豪劣绅宣战　21

暴动前的柯村 // 22

成立太平中心县委 // 26

紧锣密鼓准备暴动 // 32

打响暴动第一枪 // 36

成功建立皖南苏区 // 39

第三章 游击战争显身手　43

应势而生的红军皖南独立团 // 44

艰难寻找闽浙赣省委 // 48

开辟鄣公山根据地 // 54

适应形势，成立皖浙赣省委 // 57

战绩累累的红军皖浙赣独立团 // 61

目 录

随机应变，奇袭昌化城 // 66

第四章 铁骨铮铮的"硬汉" 73

最残酷的"围剿" // 74
狱中坚持斗争 // 77
"七七事变"带来的转机 // 83
只身返回根据地 // 86

第五章 在新四军中战斗 93

八年抗战的开始 // 94
皖浙赣边区红军出山 // 96
陈毅将军的关怀 // 103
积极投身机关学校工作 // 107

第六章 参加解放战争，迎接全国胜利 111

回归部队，重上战场 // 112
亲历淮海战役 // 116
参与建设华东装甲兵 // 119
向毛泽东主席当面汇报 // 123

第七章 沧海横流现本色 129

面对莫须有的"悬案" // 130
十年浩劫备受迫害 // 133
拨云见日，还原历史 // 135

第八章　是军人也是普通人　139

将军也有爱情 // 140

以身作则育子成人 // 147

心系家乡父老 // 152

最后的旅程 // 153

第九章　战友怀念，留芳在人间　161

怀念益友刘毓标 // 162

怀念刘毓标政委 // 166

怀念刘毓标同志 // 169

永远怀念刘毓标同志 // 172

深切怀念老政委刘毓标同志 // 174

人民的儿子，学习的榜样
　　——深切怀念老首长刘毓标同志 // 179

丹心铁骨，功勋壮烈，永昭日月
　　——深切怀念老首长刘毓标政委 // 184

深切怀念刘毓标政委在抗大 // 191

深切的怀念——忆刘毓标政委二三事 // 195

深切怀念敬爱的老政委刘毓标同志 // 199

耿耿一生显正气 // 206

深切怀念老政委刘毓标同志 // 211

刘毓标政委是我们永远学习的榜样 // 214

深切怀念刘毓标老首长 // 216

缅怀我们的老政委刘毓标同志 // 219

目 录

精神风范昭后人——忆刘毓标政委 // 220

遥祭老政委刘毓标同志 // 223

怀念刘毓标同志 // 229

尊敬的刘老,我们深切怀念您 // 234

忠诚的坚定的马克思列宁主义战士
　　——深切悼念刘毓标同志 // 237

刘老永远活在我们心里 // 240

第一章
从放牛娃到共产党员

- 映山红盛开的地方
- 佃户家的孩子没有童年
- 劳碌的少年时代
- 不愿做奴隶的人们
- 共产主义暖人心

有时候，一个时代能决定一个人的命运。父亲最终能够走上革命道路，与他儿时贫苦的生活分不开。在那个遥远的年代，父亲出生在一个备受压迫的佃户家庭中，从小便受尽了被剥削、被压迫的苦楚。

谁能为身处水深火热之中的小小放牛娃带来生活的曙光和希望？父亲看到了、找到了——共产主义。对于父亲来说，以共产党员的身份在共产主义大路上昂首阔步是他这辈子最大的荣耀。

映山红盛开的地方

一提到江西省横峰县，很多了解红色历史的人便会联想到方志敏同志，联想到闽浙赣革命根据地和省级苏维埃政府的建立。作为革命老区，在当年如火如荼的革命战争中，整个横峰的6万人民群众有将近2万人踊跃参军、浴血奋战，为革命根据地的建立和革命的最终胜利作出了巨大牺牲和杰出贡献。这一抹红色的记忆成为了横峰县永恒的印记，向人们展示着无数革命斗士大无畏的英雄气节。

现在，每年都会有数以万计的人不远千里来到横峰这个小县城参观，追寻烈士的脚步，体味革命的艰辛，红色旅游已经成了横峰县最好的标牌。若是游客在春暖花开的季节来到横峰，除了体味红色记忆之外，还会收获另一重惊喜——漫山遍野开放着的烈火一般的映山红。作为山区的横峰县有着自己美丽妖娆的一面，这里山清水秀，气候和景色都十分宜人。

第一章 从放牛娃到共产党员

葛源，即"葛之源头"。这里之所以被命名为葛源，与葛根这种有着保健特效的植物有着直接的关系。葛源是一个群山环抱的小平原，这里漫山遍野生长着野生葛根。早在隋末唐初年间，居住、耕作在葛源镇的人们就看中了这里丰富的葛根资源，将葛根采集、晾晒并加工成葛粉，既可用于自身的保健，又能通过小规模的贸易换取银钱。

到了明、清时期，葛源出产的葛根粉还被作为质量上乘的珍贵贡品贡奉朝廷。时至今日，生产、加工葛根制品，已成为葛源镇的绿色主导产业。目前，葛根种植面积已经达到了2万多亩，并且由科技人员研制开发出了葛粉、葛片、葛茶、葛露等一系列天然产品大量投放市场，深受各地消费者喜爱，葛源因此也被誉为"中国葛之乡"和中国葛根原产地。

除了自然作物葛根以外，葛源镇还有着丰富的矿产资源。经过地质勘探和开采人员多年的研究发现，葛源镇有着储量巨大的钽、铌、钨、锡、铅、锌等金属矿石和莹石、磁铁、花岗岩、钍石、锆石、透闪石、石煤等各式各样的晶质矿。其中，位于枫林松树岗地区的钽矿在经过多次的缜密勘探之后，已经被证实钽储量为亚洲第一。

葛源镇位于群山环抱之中，站在镇子中心环顾四周，可以深切地感受到，这里自然风光的气势恢宏：东有赣东最高峰灵山，南有笄光，北有长茅岭。若想出镇，仅能靠西面的一条大路。这条大路，沿着大岭岗迂回曲折的山谷，经金鸡山通向弋阳。伴随着这条路的，还有日夜不停地流向信江的葛溪水。

虽是山区，葛源本身却又是一个方圆10公里的小平原。这块平原周围被枫林、黄山考坑、清湖等数十个依山而建的大小村庄环绕，在平原中心的葛溪两岸的密集人家居住地就是葛源镇。葛源镇是横峰、弋阳、德兴、上饶四县的交通中心，周围有着数万亩肥沃的土地。因此，虽然身处崇山峻岭之中，却也十分繁荣。

很多年前，葛源镇最大的地主要算是姓刘的举人，不仅有万亩土地，还有水牢。这个刘姓的举人与我父亲这一支刘姓是否有什么关联，现在已经无从知晓。不过，可以肯定的是，当年父亲这一支刘姓祖祖辈辈都以种佃田为生，生活十分清苦。

葛源镇是一个大集镇，有着悠久的人文历史。早在两三千年以前，就有先人在这块肥沃而又富饶的山谷中发现了生机，并留下来在澄澈的溪水旁开荒耕种、建造房屋、繁衍生息。在葛源村和枫林村，路旁还有石柱天，这在许多古镇上也是难得一见的遗物。

1982年，横峰县文物普查工作队在考古工作中先后在白石廊、枫林、上黄溪、下黄溪等历史悠久的景观地区发现了多处商周文化遗址，并挖掘、采集了大量的石器、陶片等文物标本。时至今日，漫步在葛源镇依然能清晰地感受到这里的幽幽古韵：整个葛源镇仍然保持着古老山村的风貌和民俗，土墙、瓦顶、禾基、走廊、拖步、天井构成了独特的农舍房屋造型；鹅卵石铺设的小路，纵横交错，四通八达；麻石板架设的拱桥，结实雄伟，美观大方。

据史书记载，早在隋末唐初年间，曾有苏、冯二姓人家定居在溪水源头；在唐贞观三年（公元629年）的时候，玉山县大横塘祠堂又有郑姓人家迁徙至此；再后来，蔡、叶、骆、金等姓氏人家相继迁入此地。到了宋朝的时候，由于外来人员的不断涌入，葛源便逐渐形成了一个繁荣的山区集镇。当时葛源镇的规模和繁荣程度，可以从"小小横峰县、大大葛源街"

这句俗语之中获悉。

葛源镇，在汉、唐时期隶属于弋阳县，到了宋代，规模逐渐扩大的葛源镇的建制，属上饶县安辑乡；明代嘉靖年间朝廷设立了兴安县，葛源镇又被划归兴安县管理，这个兴安县就是现在的横峰县。人杰地灵的葛源是一个人才辈出的地方，这里曾经走出过多名朝廷要员，有记载的便有南宋以后出仕任职的刑部主事、大理寺右丞、翰林院编修、御史、巡抚、知府、知县等多种官员。

在第二次国内革命战争期间，葛源作为闽浙赣根据地的中心，发挥了重要作用。1931年2月，方志敏同志带领赣东北特区党、政、军领导机关从弋阳迁驻葛源。之后，分散在各地的特区工、青、妇、农、军校、银行等机关单位也相继入驻葛源。1932年11月，在葛源相继成立了中共闽浙赣省委和闽浙赣省苏维埃政府。自此，葛源成为了闽浙赣革命根据地的政治、军事、经济、文化中心，为中国革命写下了光辉的一页。这块革命根据地后来被毛泽东同志称为"方志敏式"的根据地，成为与井冈山革命根据地等齐名的六大革命根据地之一，并被中华苏维埃政府表彰为"苏维埃模范省"。葛源现有众多保存完好的革命旧址：中共闽浙赣省委、省苏维埃政府、省军区司令部、中国工农红军学校第五分校、列宁公园、红军广场、八角亭……这些革命旧址，分别被列为国家、省、县级文物保护单位。

1908年10月18日，我的父亲出生在葛源镇店前街的一个贫农家庭里。1908年的葛源，还是一个封建、闭塞的小镇，镇上居民最简单明了的关系，便是地主与佃户的关系。民国时期的中国，依然保留着不少封建社会的旧习、恶习，尤其是在葛源这样一个大山中的小集镇里。

在那样的封建等级关系中，善良淳朴的农民总是被凶神恶煞般的地主钳制着、压迫着。每年一度的旧历年关，地主凶残地向穷苦佃户逼租逼债，有些穷人被逼到走投无路的时候便卖妻鬻子、吊颈投水。对他们来说，想要有尊严地活着，根本就是"痴心妄想"。即便如此，在那样的社会环境里，绝大多数的穷苦大众还是选择了隐忍和退让，想要靠这种方式获得暂时的平静。祖祖辈辈以租种地主的佃田为生的佃户在收成好的时候，即便大部分的粮食都交了租，一家人还是能凑合着过日子的。但是，若是遇上天灾、粮食歉收，佃户们的生活便会陷入缺衣少食的窘迫境地。然而，在革命思想来到葛源之前，贫穷就像茶饭一样平常地被佃户们接受着。

父亲就出生在这样的一个贫苦佃户家庭里，祖父为他取名刘有和，"刘毓标"的名字是后来父亲自己改的。祖父祖母是本本分分的农民，像其他佃户一样，种田、结婚、生子，一共育有9个孩子。

在那个年代，父母没有时间照顾孩子，即便是刚出生的孩子也如是。生下父亲的第二天，祖母就下地干活了，任凭婴儿在襁褓中哭闹，祖母只有在哺乳的时候才能哄哄、抱抱父亲。实际上，能吃上母乳在这个家庭中已经算是不错的待遇了。当时，很多为贫困所迫的佃户家庭生了孩子之后，母亲都不得不抛下自己的孩子去地主家做乳母，以换取微薄的银钱度日。很多婴儿因为不能吃上母乳而营养不良，患上各种疾病，甚至早早便夭折了。

祖父祖母加上9个孩子，度日十分艰难，祖父祖母和父亲的大哥、八弟和二姐、三姐、七妹、九妹均在新中国成立前先后病故。家中还曾经过有几间简陋的房屋,在国民党四次"围剿"时被全部烧光了。为了生存下去,无田无地无房的一家人不得已借了高利贷,为此背上了 90 多块银洋的债务,生活顿时陷入了黑暗的深渊。

佃户家的孩子没有童年

若说佃户家的孩子没有童年也是不为过的。从记事时起,父亲就开始帮助家人做一些力所能及的事情了。在 17 岁外出学习木工之前,父亲一直过着前辈一样的佃农生活,小小的肩膀上承受着同前辈一样的巨大生活压力。

解放以前,中国在漫长的岁月里一直被封建制度统治着,而佃农和地主这两个根本对立的阶级与中国的封建社会发展也是相始终的。中国的封建租佃制由来早、形态杂、租额重,对中国农业经济的发展产生了极大的影响。

自从秦汉时代开始,佃耕的现象便已经出现了,一直到民国时期。虽然佃耕的规则随着时代的变迁有着大大小小的改变,但是,剥削与被剥削的关系却始终存在。每每一个旧的王朝衰败、一个新的时代兴起的时候,新上任的统治者总会在土地使用上做一番文章:不可否认的是,无论是土地兼并还是重新划分土地使用权,所有的新规则、新办法全部是为土地的所有者——地主服务的,而佃农要么继续辛苦种田交租,要么冒险自寻出路,真正在田间耕作的人从来都不是土地的主人。久而久之,"强者规田以千数,弱者曾无立锥之地"般扭曲的状况便会在矛盾中产生严重的社会问题。

1911年10月10日,武昌起义掀起了推翻封建帝制的革命浪潮并得到了各个省市接踵而来的支持。中华民国承诺主权归属于全体人民。广大人民群众在各省起义过程中表现了高昂的热情,尤其是身处水深火热之中的农民,佃户们也都梦想着可以在新的制度下摆脱地主的剥削和压迫,期望着生活能有彻底的改变。然而,愿望是美好的,实现起来却并不容易。

父亲的童年是在清朝灭亡、民国建立的混乱时期度过的,那个年代的佃户活得苦不堪言,只能一代代任由地主剥削、压迫。太小的孩子并不能掌握种田的技术,但一些粗重、简单的体力活儿父亲还是可以帮忙做的。

同前辈一样,父亲虽然年龄尚小,却也是日出而作、日落而息,除去吃饭、睡觉的时间以外,祖母总会安排他帮助打点家中的大小活计。因为地租很重,一家人常常吃不饱饭,家里的大人和孩子都因为营养不良而瘦弱枯干。在父亲的记忆中,祖母做好饭之后总会让祖父先吃,然后再将饭分成几份给孩子们,自己则在最后吃,这是因为祖父是家里的顶梁柱,若是他因为饥饿而倒下了,一家人的生活就无法维持下去了。

7岁那年,父亲便随他的哥哥一起放牛,并在祖父的教导下学习耕种技术,像前辈一样开始了自己作为"佃户"的人生。这个时候的父亲被周围的环境影响着,从来没有想过自己今后想要成为什么样子,仿佛种田、交租就是他命中注定的生活。

劳碌的少年时代

山外的世界混乱不堪，而山里的孩子却对这一切毫不知情，仍然在那个宁静的村庄里沿袭着祖祖辈辈种田、交租的命运。

当 8 岁的父亲还在认真跟随祖父学习耕种技术时，中华民国第一任正式大总统袁世凯正在为"恢复帝制"而处心积虑着。袁世凯称帝后，全国各地的起义就此起彼伏地展开了。

到 1916 年初，多个地方政府已经在"反袁"起义中宣告独立，袁世凯也在忧惧之中身染重病，并于当年 6 月 6 日病逝。黎元洪很快成为了新一任大总统，孙中山也迅速发表了恢复《临时约法》的宣言，并致电黎元洪，要求"恢复约法"、"尊重国会"。虽然政府在各方面压力下恢复了约法，但是已经独立的地方政府并不愿意轻易地将"胜利的果实"拱手让人，中国从此进入了军阀割据混战的时代。

对于身处消息闭塞的大山里的佃户来说，无论是恢复帝制还是恢复旧约，日子都不会有什么大的改变，因为军阀之间的战争从来不是为了解救老百姓于水火之中才发生的。不管是谁当大总统，佃户也只能靠自己的双手吃饭，地租要交，家要养，生活还要继续，无论是大人还是孩子，有一个好收成便是他们唯一的念想。

虽然只是个八九岁的孩子，很快掌握了耕种技术的父亲已经可以在耕作中独当一面了。

第一章 从放牛娃到共产党员

横峰的佃户多按时节耕种稻米、油菜以及少量的蔬菜。种稻是非常繁琐辛苦的工作,要分整地、育苗、插秧、除草、施肥、灌排水等多个步骤进行。

种稻之前,土地要经过粗耕、细耕和盖平3个程序进行处理。在那个年代,耕、平土地是离不开牛的,父亲牵着牛按正确的方向、用正确的速度缓慢行走,牛身后拖着的爬犁就会把土壤翻松。不要小瞧这样的工作,若是天旱土质过硬,或是耕牛因为什么原因不肯配合,父亲就要在牵牛的过程中动用智慧并且耗费力气。

没见过南方种稻的人只晓得插秧,却不知道在插秧之前还有育苗的过程。稻种被播撒在秧田中,然后再盖上一层细细的稻壳灰作为肥料,待秧苗长到8厘米高的时候就可以取用了。父亲喜欢育苗的过程,那小小的稻米种子经过播种、施肥,就会慢慢地、悄无声息地将嫩芽顶出土壤,再静静地长大,每一天来看,秧苗都长高了不少。站在自家租种的田边看着嫩绿的秧苗不断生长,那小小的秧苗中寄托了父亲美好的生活愿望,即便日子过得再苦,也应充满希望。

秧苗培育好就可以进行插秧的工作了。插秧的时机很重要,这是要由祖父亲自决定的大事。在年幼的父亲心中,祖父总是有一种魔术师般的能力——能够预言未来几日的天气和很多突发的自然现象,这其实是劳动人民智慧的结晶,曾祖父将之传授给祖父,祖父又将之传授给父亲。

插秧的工作是非常辛苦的。父亲还记得第一次插秧的感觉,腰像要断了似的酸痛,好不容易插完了两排,却因为不合祖父的标准而被要求拔掉重新插。父亲的双脚一直泡在水中,不时有蚂蟥钻进他裸露的小腿中,祖父看见了便用力拍打,蚂蟥被拍出来捏死,父亲的小腿上则会淌下血水。这些对插秧的人来说是司空见惯的事情。

为稻田除草是父亲最常做的工作,那个年代没有什么先进的工具和药剂,要想除掉野草,父亲必须要仔细查看,见到野草便用手除掉。一亩又一亩的稻田,父亲或弯腰或蹲下,将野草一棵棵拔净,这是一个漫长而劳累的过程。不过,所有的努力都是为了一个好收成,父亲小小年纪便能体会到作为佃户的压力,盼望着秋后交完租能多剩下些粮食,好让全家人吃上一顿饱饭。

不过,拔草有时也会有意外的收获——若是前阵子刚下过大雨,漫入稻田的河水会将小鱼留在田中,父亲偶尔会在拔草的过程中发现并抓住3寸长甚至更大的野鱼,无论是自己在田边点野火将之烧熟还是回家交由母亲煮汤,对缺衣少食的父亲来说都是十分幸福的时刻。

每当金灿灿的稻穗害羞地低下头时,收获的时刻便来到了。这个时候,父亲便会与家人一起拿起镰刀收割劳动成果。在一望无际的金黄色之中,父亲总是能很快找到播种时自己插秧的那一小块土地,亲自收割自己的劳动果实,那种心情真是太好了。但是,想到自己耕种的稻米要有一多半作为地租交给地主,父亲心中又会升起一种说不出的遗憾。

10岁那年,父亲有幸进入了祖产资助的私塾读书,这对于佃户的孩子来说,真是一种莫大的荣幸。

私塾在清代时期最为发达,几乎遍布城乡。若是以经费来源进行划分,私塾可以分为以下几种:一是由有钱的人家(如地主)专门聘请老师在自家教授本家子孙,这类一般被称为坐馆或家塾;二是由地方(村)、宗族捐助钱财、学田来聘请教师以教授地方或本族贫穷人家的子弟,这类一般被称为村塾或宗塾;三是由经验丰富的塾师私人设馆收费教授学生(与现在的私立学校类似),这类一般被称为门馆、教馆、学馆、书屋或私塾。父亲所上的就是第二种——宗塾。

绝大多数的佃户是没有能力让自己的子孙去私塾读书的,事实上,更多的佃户从来都没有想过让孩子读书。过去家中的女孩子是不读书的,只安心在家学学做饭和女红,帮助家人做一些力所能及的活计,而男孩子虽然可以念书,却多因为家中经济困难,作为基本劳动力的他们不得不将时间和精力放在帮助家人提高租地产量上。年年见长的地租已经把佃户压得喘不过气来,仿佛一代接一代的种地、交租、还债才是他们应有的生活,谁还会惦记着送孩子上学呢?

所幸的是,父亲刚好满足了两个基本条件——家中有祖父和伯伯照料田地,刘家宗族又恰好有这么一个宗塾,于是,10岁的父亲才有了读书的机会。宗塾的先生多是当地的没有取得过什么功名的文人,教学方法也十分陈旧、迂腐,不过是让学生们整日随他诵读各种圣贤书,偶尔学写几个方块字。对于佃户家的孩子来说,识字已经是莫大的荣耀了。

或许正是因为父亲在宗塾里念过书,他才会有跟祖辈不同的想法,他才会更多地思考人生,一种对生活的美好期望在他的心中缓缓升起。可惜的是,父亲只在宗塾读了两年多的时间便又不得不下地干活儿了。对于父亲来说,读书的日子短暂而美好,是他童年记忆中最幸福的时刻了。

在生下父亲之后,祖母又陆续生养了几个孩子。农村人大多是愿意多生养的,尤其是多生儿子,因为男人是家中最根本的劳动力,地里的各种活儿多是由男人们做的,女人更多地负责家里的各种零碎活计——做饭、洗衣、喂鸡、缝补等等。但是，随着孩子越生越多，有一个不容忽视的问题也日益严重——人多粮少。祖父租种的土地是有限的，地租连年只见长、不见落，收成一半看人、一半看天，孩子一多，吃不饱饭，甚至吃不上饭便成了一个颇为棘手的问题。

为了帮家中节省口粮，父亲在 17 岁那年离家去做木工学徒了。木工作为一门常见的手工艺在中国有着悠久的历史。在农村，人们习惯自给自足，几乎村村都有木工、瓦工，从盖房子到做家具全部自食其力。从古至今，传统的木工活儿都是以师傅带徒弟的形式传承下去的，师傅一点一滴言传身教，将中国木工工艺发扬光大。

佃户家若是生了太多孩子养不过来，就会被迫通过各种途径将孩子打发出去自谋生路。女孩子可以送去学戏、学刺绣，男孩子则一般学木工、瓦工等。17 岁的父亲眼见家里一贫如洗，弟弟妹妹幼小的身躯饿得皮包骨头，他便决定外出自谋生路，少一个人在家，弟弟妹妹就能多一口饭吃。

虽然祖母十分不舍得，父亲还是跟着一位木工师傅走了。祖母知道，当学徒不是什么好差事，若是遇上心眼儿好的师傅，或许还能真正学点东西回来；若是遇上心眼儿坏的，不但不会学到真本领，还要被师傅当奴隶似的使唤。不幸的是，父亲恰恰遇到了后者。

父亲在学徒的过程中经常遇到不公平的待遇。为了学到手艺，帮师傅干活儿都是没有报酬的。不过，师傅从来都是让他干一些简单、繁重的体力活儿，却没有真正教过他什么技术。除了吃不饱饭以外，父亲还要常常忍受师傅的暴打和师娘的辱骂。久而久之，忍无可忍的父亲不得已辞师回到了家中。

不愿做奴隶的人们

想当初父亲怀揣着成为手艺人的梦想离开了家,却没想到经历了噩梦般的学徒生活之后,自己又回到了原来的位置。父亲觉得既难过,又不甘心。读过两年书的他比前辈想得多,他不甘心像自己的父亲一样面朝黄土背朝天白白给地主干活,于是,一段时间之后,父亲又跟了另外一位木工师傅,继续学习木工活儿。

当时的父亲还不知道,一场酝酿已久、轰轰烈烈的农民暴动正在筹备之中。

早在1925年夏天,出生在横峰的共产党员黄道在暑假期间离开北京师范大学,回到了家乡,在北京深受马克思列宁主义影响的黄道以研究学术为名,在横峰成立了一个革命团体,称为"岑阳学会"。

紧接着,黄道又创办了《岑阳月刊》,在横峰县积极地宣传马克思列宁主义和新文化运动。在黄道的努力下,一批革命运动骨干力量被培养起来,先后发展了吴先民、黄端喜、滕国荣、钱壁、邹秀峰等人加入中国共产党。进步青年程伯谦也在这个时候加入了"岑阳学会"。1926年9月,黄道奉中共江西区委指示,在国民党横峰县临时党部秘密成立了共产党横峰支部。

1927年4月5日,在横峰党支部的组织领导下,横峰农民手持大刀长矛攻下了县城,成立了横峰县农民协会。从此,轰轰烈烈的弋阳、横峰农民暴动全面开始了。

与此同时,已经 19 岁的父亲依然过着贫苦艰难的生活,甚至日子过得一天比一天差。这时候的父亲仍然在学习木工手艺,而这位木工师傅像上一位一样脾气暴躁,动不动就打骂手下的徒弟,徒弟们做工不但拿不到钱,还常常吃不饱饭。此时家里的状况也相当糟糕,因为粮食歉收,没有收够租的地主隔三差五就来家里谩骂胡闹一番,高利贷的债主也常常登门威胁,高筑的债台眼看就要把一家人压垮了。

看不到生活希望的父亲整日郁郁寡欢,疾病、贫困压得他喘不过气来。父亲想不明白:同样是有手有脚,人和人之间的生存状况为什么有着天壤之别的差异呢?土地为什么归地主所有?佃户为什么只能一代代当牛做马、为人鱼肉却始终逃不出这不公平的命运呢?

正在父亲感到迷惘和苦闷之际,一个从弋阳传来的消息让他的心为之一振,仿佛一缕耀眼的光芒在他的眼前出现一般。原来,那个时候正值方志敏在弋阳九区带头组织群众闹革命,群众一呼百应地起来抵抗、打击土豪劣绅,要求将田地平分给各家各户。在革命过程中,多次组织、领导农民运动的程伯谦给予了方志敏巨大的支持。

听到这个消息的父亲顿时内心波涛汹涌,一辈辈为人奴隶的葛源农民从来不敢想象有一天可以拥有自己的土地,而现在相距如此之近的弋阳农民居然实现了这个梦想,要的只是战略智慧和一腔热血。"革命",多么神奇的一个名词,只要敢于"革","命"运就可以改变。

从这个时候开始,父亲心中暗自下了决心,总有一天自己也要在葛源闹上一场革命,让广大穷苦老百姓脱离无边的苦

第一章 从放牛娃到共产党员

海。因为内心充满了希望,父亲的身体状况也一天天好转起来,他开始暗中打听和留意程伯谦的消息。

对葛源人来说,程伯谦并不是一个陌生的名字。程伯谦也是横峰人,曾经接受过系统的文化教育:幼时随私塾老师学习,后分别在横峰县立高等小学和上饶信江中学学习,毕业后来到葛源小学成为了一名教师。父亲曾经见过程伯谦几面,但没有什么交往。自从程伯谦参加了进步团体"岑阳学会"之后,便走上了革命的道路。一直生活在横峰的程伯谦深知劳苦大众的苦楚,于是,组织农民协会、领导农民革命就成了他最崇高的事业。1926年秋天,程伯谦回到了葛源,准备在这里办农民协会。

父亲清楚地记得,1927年4月5日的清明节,下着毛毛细雨,他找到自己的堂叔刘芹和、堂兄刘和尚。父亲向他们打听程伯谦的消息,他的堂兄说道:"有和,程伯谦最近在湖北学习,就快回来了。他说,回来之后要秘密地在葛源组织农民协会。我们两个已经申请加入了,若是你也想要参加,我们可以介绍你进去。"听到这个消息,父亲感到激动万分,从前只听说过别的地方组织农民协会闹革命,这次终于轮到了自己的家乡!父亲斩钉截铁地说:"我要参加!"

在方志敏的秘密安排下,程伯谦一回到葛源便开始组织农民协会。到1927年12月前,葛源一带一共组织了32个农民协会团体,准备在年底部署暴动事宜。

1927年12月10日,在方志敏同志的领导下,横峰县楼底兰家村的农民协会团体打响了年关暴动的第一枪。弋阳、横峰县的农民纷纷拿起锄头、镰刀,轰轰烈烈的"弋横暴动"开始了。在兰家村农民协会暴动打响两天之后,根据方志敏同志的指示，程伯谦组织葛源农民行动起来。

1927年12月12日深夜，火光作为信号将暴动农民的激情燃起，葛源镇周围事先部署好的多个农民革命团体在程伯谦、滕国荣和邱金辉等人的领导下，从四面八方冲向葛源街。3000多人组成的队伍犹如洪水一般席卷了土豪劣绅的住处，几十个平日里飞扬跋扈的地主瞬间便被五花大绑起来。在暴动农民义愤填膺的威慑下，地主们只得乖乖交出了用暴力手段与佃户签订的借据和契约。随着火苗的跳动，这些不平等的借据、契约与农民兄弟曾经经历的无数屈辱一起被熊熊燃烧的革命烈火吞噬了。

这次暴动不仅让葛源农民分到了自己辛苦耕种出来的粮食，还让他们看到了分田、分地的希望，这可是他们从前想都不敢想的事情。在暴动胜利之后，12月17日，葛源农民聚集在万年台召开群众大会，方志敏同志在会上讲话，号召大家建立劳农政府，并逐渐完善相关制度，将田地分给各家各户。

不过，一个大地主的逃跑为葛源农民埋下了隐患。葛源街上最大的地主名叫周尚达，当农民革命团体的队伍砸破他家大门、涌进他的庭院之时，却发现周尚达已经闻风逃跑了。原来，在葛源暴动爆发以前，得知其他区县农民暴动情形的周尚达就已经预料到会有葛源暴动这一天，狡猾奸诈的他早就做好了逃跑的准备。

当暴动农民涌向葛源街的时候，感觉到异样的周尚达便迅速从后门溜走了。周尚达逃离葛源镇之后到县里搬救兵，没多久便与其他几个逃跑的地主一起组织了靖卫团，与国民党军联手返回葛源对发起暴动的农民进行血腥镇压。

农民没有受过任何军事训练，甚至没有一件像样的武器，当国民党军的机关枪对准手持梭镖、砍刀的农民时，胜负瞬间便有了结果。在惨烈的流血牺牲中，葛源暴动被凶残的地主和冷血的国民党无情镇压下去了。

虽然葛源第一次农民暴动失败了，但在每一位暴动农民的心中，想要获取人身自由、想要当家做主的思想已经悄悄萌芽了。人们相信，总有一天胜利会来到正义的一边。我的父亲在这次暴动过程中体会到了绑地主、分粮食的喜悦，经历过了性命攸关的生死浩劫，感受到了遭到血腥镇压的农民兄弟的悲愤与无助，这一切使他瞬间成熟起来。

暴动失败之后，父亲不但没有被国民党的机关枪吓倒，反而愈发坚强勇敢起来。冒着生命危险，父亲坚持在家乡组织、宣传群众并担任一些情报工作，多次秘密抄小路为山里的领导同志传递群众组织和敌人的消息。

经过周密的计划和安排，1928年1月2日，著名的"窑头会议"在方志敏同志的主持下于弋阳九区窑头村举行。参与窑头会议的党员分别来自弋阳、横峰、贵溪、上饶、铅山这5个区县。这次会议主要目的是成立一个总指挥部，由方志敏同志担任总指挥。另外，弋阳、横峰、贵溪、上饶、铅山五县分别推举党员组成中共五县工作委员会，由方志敏同志出任委员会书记。

有了明确的领导班子，一次更大的农民暴动在秘密运作着。总指挥部在接下来的一个月时间里，向各地同时发出新一轮暴动的通知，将来自弋阳、横峰的农民革命团体分成6路纵队，有准备、有计划地进行全面暴动。一时间，七八万暴动农民在绵延50公里的范围内纷纷开展斗争，地主、豪绅被打得东奔西逃，刚刚建立的国民党政权被彻底推翻，飘扬的红旗插满了各个村镇。这一次，贫苦大众终于迎来了胜利。

虽然不肯死心的地主武装联合国民党军队再一次对暴动农民发起进攻，但是，在方志敏同志的领导下，建立了以磨盘山为中心的弋横根据地，粉碎了地主和国民党的阴谋。

共产主义暖人心

父亲在"年关暴动"中经历了胜利——失败——再胜利的起落，锻炼了开展阶级斗争的本领，也更加坚定了投身革命的决心和信心。不满 20 岁的父亲由于在暴动中表现良好，被发展成为光荣的共青团员，这对于父亲来说是一个莫大的荣耀。加入共青团之后，父亲有了更多的机会去了解共产主义，并因为深入了解而更加坚定了自己投身共产主义的决心。

1928 年 5 月，不肯善罢甘休的国民党纠结弋阳、上饶、广丰、铅山、玉山、横峰、贵溪七县的地主武装，组成了"广信七县军民联合剿匪委员会"，准备向弋阳、横峰暴动成功的地区发起进攻，欲重新在这里建立国民党政权。"广信七县军民联合剿匪委员会"兵分四路，在国民党军队的带领下，对刚刚在磨盘山建立的弋横根据地发起了疯狂的"围剿"。

当时，横峰县苏维埃政府和横峰县委才刚刚成立不久，在党的领导下，苏区军民实行"眺高、守夜、打号铳"的办法，以对付敌人的猖狂进攻。为了应对敌人疯狗般的反扑和"围剿"，方志敏同志于 1928 年 6 月 25 日在方胜峰上的一个破旧寺庙里召开了弋横两县的县委联席会议。

会上，横峰代表吴先民、滕国荣、邹秀峰等旗帜鲜明地支持方志敏反对埋枪逃跑、坚持农村根据地斗争的主张。这次会议统一了根据地的斗争思想，明确了作战方针，最终确立了"依靠群众、坚持斗争、开展游击活动、巩固根据地"的基本方针，为反"围剿"做了准备。

方胜峰会议召开后，经过缜密的部署，由吴先民、滕国荣等人率领农民军配合邵式平指挥的工农革命军在青板金鸡山，对发起"围剿"的敌人进行伏击。

虽然武器不敌靖卫团先进，但是，革命军与敌人决一死战的信念是靖卫团里的国民党官兵和地主武装们不能比拟的，金鸡山四周喊杀声震彻云霄，敌人被打得抱头四窜。就这样，国民党和地主武装联合起来对根据地进行的第一次局部"围剿"被团结、英勇的根据地军民彻底击碎了。

轰轰烈烈的金鸡山战役使得整个弋阳地区为之震撼，当时在弋阳的国民党县长被吓破了胆，慌忙收拾行李带着一家老小逃离了县城。金鸡山战役的胜利不仅粉碎了敌人的第一次"围剿"、使得根据地转危为安，更是鼓舞了士气，打开了局面，为土地革命军改编为红军独立团奠定了基础。

1928年8月，父亲通过了党组织的审查，光荣地加入了共产主义青年团，并在两年后转为共产党员，他的政治觉悟和斗争能力都得到了进一步的提高。

他先后担任乡苏维埃主席、葛源区委书记、（开）化婺（源）德（兴）县委组织部长，直至1934年4月受方志敏同志指派，前去皖南地区工作。这期间，父亲工作很努力，也很出色，在任区委书记时，葛源区被闽浙赣省苏维埃政府表彰为"光荣的模范区"。

第二章
向土豪劣绅宣战

- 暴动前的柯村
- 成立太平中心县委
- 紧锣密鼓准备暴动
- 打响暴动第一枪
- 成功建立皖南苏区

1934年8月21日，在中共太平中心县委领导下，太平县柯村（今属黟县）地区爆发了农民暴动。暴动成功后，建立了皖南地区的第一个苏维埃政权——"皖南苏维埃政府"，创建了方圆百余里的一块红色苏区。

柯村暴动声势大、范围广，是土地革命战争时期皖南地区取得完全胜利的一次农民暴动。它有力地配合了闽浙赣苏区的反"围剿"斗争和方志敏同志率领的红军北上抗日先遣队在皖南的行动，震撼了国民党反动派在皖南的统治。

暴动前的柯村

很多人对柯村十分陌生，不知道这是什么地方。的确，若是没有著名的"柯村暴动"，这个普普通通的名字确实难以引起人们的注意，它今隶属于安徽省黄山市黟县。

提起黄山市，人们便会联想到著名的黄山旅游风景区和底蕴深厚的"徽州文化"，古时候的"徽州"以自由贸易著称，曾有"徽商遍天下"之说。不过，并不是所有的"徽州人"都擅长做生意，更多的平民百姓像其他省市的淳朴乡民一样靠种地为生。

黟县，古代隶属于徽州，今隶属于黄山市，地处徽州山区西部。在历史记载中，黟县建制于公元前221年，是徽州六县之一，也是徽州文化的发源地之一。黟县的自然风光十分宜人，这里地处黄山山脉的西南部，县内的五溪山顶峰三府尖海拔1227米，而辖区南部则是群山环抱的盆地，几条奔流不息的清澈溪水贯穿于盆地之中。正因为这里得天独厚的地势、风光和淳朴自然的民风，曾有人以"桃花源里人家"的美名称呼黟县。著名的世界文化遗产——西递、宏村，就是黟县的两颗明珠。

柯村乡坐落在黟县的西北边陲，虽然经历了上下五千年的文明发展，这里的自然生态却依然保持着原始和淳朴的风貌，素有"中国最纯朴的乡村"的美誉。柯村乡的人民祖祖辈辈在这块风水宝地上勤劳耕作，以淳朴、善良的心态保持着日出而作、日落而息的简单生活。跟其他地区的农民一样，柯村乡的农民在封建制度下同样以租佃田的方式，过着种田交租的艰苦生活。

在红军到来之前，柯村人民一直生活在地主劣绅的压迫下，佃农们家家户户都过着吃不饱、穿不暖的贫困生活，无论是经济上还是文化上，不但没有随着时间的推移而有所发展，反而在地主的压迫下有所倒退，更加落后。当时的柯村乡地主约占总人口的6%，但是却占据着全乡80%的土地；相反的，占人口比例80%的农民却基本上没有属于自己的土地。这种情况使得佃户与地主之间的矛盾越来越深刻。

民国时期，佃户租种地主家的田地，除了每年在收成后向地主交租以外，还要应付政府名目繁多的苛捐杂税，辛辛苦苦种了一年的粮食被地主和政府瓜分之后便所剩无几，若是佃户家中租种的田地少、生的孩子多，就免不了有些幼小的孩童因为长期的饥饿导致严重营养不良而惨遭夭折。还常有佃户因为收成不好交不上地租而被地主赶走，一家老小只能流落他乡成了乞丐。

1934年，中国中部与南部地区发生了百年不遇的罕见旱灾，有地方文献将之称为"甲戌大荒"或"甲戌大旱"。当时的知名媒体《申报》在报道这次旱灾时这样说道："皖省自入夏以来，天气酷热，雨泽绝稀，室内温度，最高为一百零九度，虽十九二十两日，略有微雨数阵，总量仅一毫米，气候稍凉，甚至九十度上下，于农事仍属无补，连日天复亢热，最高温度，为一百零三度，此种亢热苦旱，在皖省为六十年来所仅见者，而本年旱灾，几遍全省。"从这里完全可以看出当时的安徽省不但连日高温难耐，甚至整个春夏两季都没有下过什么雨水，可见"甲戌大旱"颇有威力。

在这样恶劣的干旱气候中，农作物的生长受到了极大的限制和破坏。干旱开裂的土地绵延千里，各种农作物在炎炎烈日之下最终都干枯死去，是佃农 100 年来都不曾见过的特大旱灾。《申报》在描述旱灾对农业的影响时这样写道："皖南泾县自入夏以来，已三月未雨，田禾枯槁，粒米无收……连日米价，已逐步飞涨，各等米行情，每石均高升数钱之外，一号机米为四两九钱五分，二号四两八钱三分，次者四两七钱五分，河机府米四两五钱二分至四钱八分，今后仍有续涨之势，盖以卖户日渐稀少也。"

旱灾对柯村乡人民的生活造成了极大的影响。粮食颗粒无收，旱情却仍然不见有退去的兆头，缺吃少喝的柯村农民不得不将眼前能够见到的果实、野草甚至树皮拿来充饥，饿死、病死的人与日俱增。

当地主看到旱灾导致农作物颗粒无收时，即便是自家的米仓有堆成山的粮食，也从来没有过在大灾来临之时减免佃租的想法，反而逼迫条件稍微好点的佃户将往年存留的粮食和银元作为当年的佃租交出，而地少贫困的佃农则被强迫着写下了欠条，背上了还不清的债务。

在这种情况下，很多佃农感到走投无路而选择用服毒或悬梁等方式结束自己和家人的性命，更多的人携家带口逃荒到北方做了乞丐。在无情的旱灾和残忍的地主面前，佃农犹如在热锅上爬行的一只只小小蚂蚁，仿佛无论如何也逃不出终被炙死的命运。

大灾之前必有大勇。其实，有一条路可以在这样的危急时刻挽救佃农的生命——土地革命。由于柯村乡所处的深山盆地，从地理位置上来讲对于军事作战来说有着极为明显的地形优势，有着成为皖南深山地区的战略要冲的必备条件，几年以来一直有共产党员与革命人士频繁活跃于柯村一带。

从1930年8月起，大别山区的一批共产党员和革命知识分子和从江西苏区返回家乡的共产党员陆续来到了柯村地区，积极进行革命宣传，发动和组织群众，建立起秘密群众组织。

到了1932年底，皖南党组织转由闽浙赣省委领导，在此之后，闽浙赣省委也多次派红军游击队和其他工作人员到皖南一带活动，有力地推动了党组织在柯村地区的宣传工作，建立了广泛的群众基础。

此时，一部分被压迫到极点的柯村农民已经有了发起暴动、平分地主囤积的粮食的欲望，这与党组织想要在柯村一带推翻封建势力、建立苏维埃政权的想法一拍即合，于是，一场轰轰烈烈的农民暴动即将展开。

成立太平中心县委

在与国民党反动派的斗争中,中国革命根据地不断发展壮大。1930~1933年,中央苏区军民连续粉碎国民党军四次"围剿"。但是,国民党反动派不甘心失败。1933年9月,蒋介石经过精心准备,向中央苏区发动了第五次"围剿"。

当时,闽浙赣省委的总方针是巩固扩大苏区和红军,粉碎敌人第五次"围剿"。为了贯彻这个方针,闽浙赣省委决定大力开展皖南和浙西的白区工作,逐步创建新的苏区和根据地,准备在将来把皖南、浙西和闽浙赣苏区连成一片。

为此,1934年1月,闽浙赣省委抽调了一批县委书记级干部在葛源共产主义学校举办了为期三个月的白区工作的训练班。父亲参加了学习,主要了解白区工作的重要性、特点和要求,并熟悉当时皖南、浙西的基本情况。

1934年4月,省委为了打破敌人对苏区的封锁和再一次"围剿",逐步扩大苏区,便指派父亲和陈直斋、黄天贵、张金载四人到皖南特委工作。临行前,方志敏同志找父亲和陈直斋一起谈了话,他说道:"为了扩大苏区,打破敌人的封锁,派你们到皖南去工作。皖南的反动统治、白色恐怖虽然很严重,但人民群众要求起来革命的愿望很强烈,这些地方有工作基础。皖南有个秘密特委,李杰三在那里担任特委书记。这个人能力比较小,软绵绵的,去了半年,局面没打开,有些工作仅限于县城和较大的集镇。你们到了皖南,工作要向农村发展，到劳苦大众中去。当然城镇工作也需要，但重点要放在农村。皖南离赣东北苏区比较远，交通不便，工作是有困难的，经济上接济不上你们，要自找职业维持生活。"

父亲出身贫寒，因而对方志敏同志的一句话记忆尤深——向农村发展，到劳苦大众中去。父亲深知，革命离不开稳定的群众基础，革命的根本目的就要是让广大贫苦人民在心灵和身体上得到彻底的解放，过上公平合理的生活。

父亲与方志敏同志谈话之后，便与另外3个人一起到省委财政部门领取了盘缠和启动生活费。父亲后来回忆说，当时他一共从财政部门领取了20块银元、300元法币和一个金戒指。父亲把法币和10块银元放在上衣里侧的口袋里，戒指和另外的10个银元用布缠起来绑在腰上。此外，白区地区多雨，父亲还另外领到了一把油纸伞和一双新草鞋。

父亲从生长战斗了26年的家乡葛源出发，日夜兼程、马不停蹄地赶路，径直来到了婺源、德兴边境的暖水，这里是闽浙赣苏区的北部边界。当晚，父亲与同行者一起在一间小旅馆安顿了下来。没过多久，父亲忽然听到有人敲门，他迟疑了一下，小心地打开门，看到了一个货郎打扮的人。那个人看见父亲便问："请问客官，你们是从神山过来买药的吗？"

父亲一听就明白了，这是前来接应他们的共产党地下工作者，便应声道："是的，我们想要陈皮和党参，党参13个银元一两。"

这种秘密暗号一般不会只是一句应答。那个货郎装扮的人又说道："对不起，那是白参的价，党参17个银元一两。"

暗号对上了，父亲警惕地向走廊里望了几眼，赶紧把"货郎"让进了屋里。当天夜里，"货郎"把国统区的基本情况向父亲等人做了详细的说明,并部署好了第二天的行动。次日清晨,退掉了旅馆的房间,父亲跟着"货郎"一起上路秘密地进入了国统区,并在安徽屯溪暂时安顿了下来。

为了避免身份暴露,路上一直同行、同宿的4个人决定分开投宿,其中两人在最先遇到的旅馆办理了入住手续,父亲与陈直斋二人则住进了另一家旅馆。父亲在屯溪留宿是有原因的,他要与这里的皖南特委书记李杰三接头并传达方志敏同志的话。

等了一天之后,第二天晚上,一个账房模样的人敲开了父亲所住房间的门,那人手提着几包中药说:"听说尊客要进中药,小号的川朴3元一两,你要不要?"

父亲答道:"我不要川朴,要进一些川贝,13元一两,你看怎么样?"

那人左右环顾了一下,迅速进屋关上了门。这个账房模样的人正是皖南特委书记李杰三,他在屯溪还有个公开的身份是当地"合记春号"药店的老板。

父亲见到李杰三之后,就把省委和方志敏同志的指示说给了他,李杰三也对父亲和陈直斋谈了皖南的斗争形势。由于当时的秘密工作纪律很严,没有横的关系,李杰三并没有把皖南党组织的情况全部告诉他们。李杰三此次来的主要目的是给二人分配工作,要求父亲和陈直斋参加皖南特委任委员,并分配父亲到歙县担任县委书记,陈直斋到休宁当县委书记。

明确了各自的任务,一路风雨同行的4个人便就此分头活动了。父亲径直来到了歙县,因为要自谋职业、解决自我生存的问题,他就在一个小集镇的轿行里找了一份当轿夫的差事,并化名万金福,以轿夫的身份作掩护开展秘密工作。父亲在歙县担任县委书记的时间并不长,大概两个月左右。有党组织的地下工作者找到父亲,通知他与李杰三接头。父亲便赶到屯溪,找到了位于一条偏僻胡同里的"合记春号"药店,也就是特委机关驻地。在那里,李杰三向他交待了新的任务。

李杰三见到父亲便对他说:"我们的工作要向农村发展,目前党组织在太平、石埭、泾县、黟县、祁门五县的工作开展得很快,搞得很红,因此在太平必须建立一个领导中心,统一领导太平、石埭、泾县、黟县、祁门五县的工作。现在党组织决定由你来担任这个中心县委书记。"

父亲感到这个任务十分艰巨,担子很重,但他很有信心,欣然接受了党组织的委派。李杰三还说:"太平已经有了县委,就设在拜祭堂,这个县委在农村也有一定的工作基础,你去了之后,就以太平县委作为中心县委机关,就地开展工作,尽快进入角色。"

接到了新任务,父亲先是在党组织地下工作者的保护下回到了歙县,把之前的事情做了一个彻底的交接,又回住处取了一些个人物品,然后便迅速赶往太平县。父亲从歙县潜口出发,一路上日伏夜行,来到了太平县的大集镇余溪,这里是一个交通枢纽点,有党组织的秘密交通站。父亲到了余溪才知道,国民党太平县保安队就驻在这里,镇头筑起了围子,有保安队在这里设卡盘查来往客商,并征收过桥费。父亲在党组织地下工作者老余的掩护下,很小心地通过了这个盘查点,顺利进了余溪,来到接头地点"徐记茶馆"。

皖赣边一带习俗,说是茶馆其实平常不止是卖茶,到了饭点也销售各种食物。父亲与老余一起进去找了张桌子坐下,各要了一大碗茶。但是,坐了一个小时还是不见有人来接头。老余环顾了一下四周，悄声对父亲说："看来也许遇上麻烦了。"

父亲也十分担心，但还是咬着牙又坐等了一个小时。左等右等不见接头的人，父亲想着两人若是一直这样喝着大碗茶等下去，势必会引起保安队的怀疑。于是，二人起身出了门，过了两条街，来到盛情客栈，但是并没有进去，只是从门口过了一趟，到盛情客栈斜对面的味好包子铺坐了下来。两人各要了一碗稀饭、两个馒头，一边喝着稀饭，一边用眼睛的余光看着街对面的情况。

稀饭还没有喝完，只见街对面踢踢踏踏过来20多个国民党保安队的人，端着枪在盛情客栈门口停下，一个军官模样的人叉着腰大声呼喝道："你们5个把前门，你们5个把后门，其余的都跟我进去抓人！"

父亲和老余知道这次接头遇到了大麻烦，便不动声色地起身在饭桌上留了钱，慢慢踱到后堂，从后门离开了。二人在街上拐了几拐，往东南镇尾而去。经过文庙街时，看见吊杆上挂了一个笼子，里面放了一男一女两个人头，老余忍不住擦了擦眼泪，父亲顿时明白发生了什么事情。

老余强忍着悲痛对父亲说道："咱们快走吧，这个集上不能呆了。"二人一起出了镇子、上了山，老余才一屁股坐在地上哭了起来，哽咽着说道："那就是和咱们接头的交通员老谭夫妇。"父亲也禁不住流下了难过、惋惜的泪水。

由于交通员被害，余溪的党组织受到了破坏，交通站也转移了。老余把父亲带到余溪东南大山里一个烧炭的窑里暂住。这个废窑是老余一个备用的秘密潜伏点，也是被砍头的老谭以前告诉他的。老余准备只身去寻找交通站，临行前他对父亲说道："你在这里待着，我去找备用交通站，肯定要费些时日，

第二章 向土豪劣绅宣战

你就在这里等我，最多7天。如果7天后我还没回来，那就说明我牺牲了，你只能自己想办法回歙县了。"由于父亲肩负重任，此时他只能听从老余的安排，暂时呆在这个破旧的废窑等消息。

一直等到第七天仍不见老余的踪影，父亲担心地想，或许是老余出了意外，但是，父亲不是第一天做秘密工作，他转念一想，万一是老余有事耽误了呢，若是他刚走老余就赶回来了，党组织交待的任务就不能顺利完成了。这样想着，父亲便又在这个废窑里坚守了一天。果然不出父亲所料，当天下午老余终于风尘仆仆地赶了回来，并为父亲带来了一个好消息——备用交通站找到了！

老余立即带着父亲出了山，绕过余溪往西而来，走了一个多小时到了余口村，找到那里的一个杀猪的周屠夫，他就是新的交通员。老余的任务到此为止，同志就要分手，在一起共生死10多天，父亲感到恋恋不舍。让父亲十分感慨的是，从头至尾，他都不曾知道老余的真名实姓，就像老余叫父亲"老万"一样，秘密工作者互相之间并没有半分了解，但是彼此十分信任，甚至能以性命相托，这也是革命工作的一种魅力吧。

父亲在交通员周屠夫家里住了一夜，第二天由他带领父亲出门上山，寻找太平县委。这个地方是一个山区，四周都是山，山岭连着山岭。周屠夫把父亲带到了一座山神庙，这里便是李杰三所说的"拜祭堂"。拜祭堂一带有好几个小村子，还有一个学校，因为没有国民党军队驻扎，十分适合开展秘密工作。

父亲最终来到了拜祭堂一带一个叫柯村的地方，这里是太平县委的驻地。柯村在那个时候属于太平县，后来才被规划为黟县的管辖范围。父亲被太平县委前来接头的同志安顿在村里一个叫三卫的老乡家里。当天晚上，太平县委便召开了会议，几个县委同志向父亲详细介绍了柯村周边的工作情况，父亲也把特委李杰三书记交待的任务向他们讲了。会上，正式成立了太平中心县委，由父亲担任书记。

紧锣密鼓准备暴动

父亲到任太平中心县委书记的这一年，皖南正遭遇百年不遇的特大旱灾。1934年7月下旬，秋收基本结束。由于干旱造成当地农作物大面积受灾，歉收严重，眼看着秋季没有收成，地主就要农民交现钱，农民交不上，地主就带民团抓人。许多村子出现了抓人打人的情况。被抓的农民被关到村公所里挨打受饿，其中有相当一部分是农民团的骨干成员，甚至有少部分还是新发展的秘密农民党员或团员。面对地主逼租、逼债怎么办？当时群众的生活实在过不下去了，广大贫苦农民表达了要造反、要革命的强烈愿望。

在这种情况下如果没有党的领导，这里也会爆发农民自发的暴动。在农民革命热情高涨的情况下，县区级党组织强烈提出必须掌握暴动权，使暴动朝有利于革命、有利于群众利益的方向发展。太平、黟祁县委向中心县委提出要搞暴动，他们认为父亲是从江西苏区来的，中心县委还有从湖北英山和安徽潜山来的同志，大家都有搞农民暴动的经验，要求他们想办法，让这里像江西苏区那样，斗地主、分田地，建立苏维埃政权。

第二章 向土豪劣绅宣战

父亲亲历过葛源的"年关暴动",又有着多年的土地革命经验,对农民暴动的情况有着十分客观的理解。他着眼于旱灾导致农民被压迫、被剥削的情况雪上加霜的残酷现实,经过了十分深入的思考,感到目前只有组织当地农民举行暴动、开展土地革命,才能从根本上解决各种矛盾。如若不然,被压迫到了极点的农民在没有组织的情况下自发地发起暴动,很可能会由于暴动处于低水平状态而导致其结果并不符合农民群众最初的愿望。

县委的委员们还在热烈地讨论着如何推动当地农民举行暴动,父亲看着大家热切的眼神,坚定地说:"我个人赞同大家关于即刻着手准备暴动的主张。但是事关重大,关系到革命的全局,因此要请示上级才能决定。"他的话给大家提了一个醒,暴动不是一件小事,它关系着千千万万农民的命运,关系着皖南地区红色工作的开展,不能头脑发热、贸然行事。中心县委又继续开会研究如何向上级报告柯村地区农民生活的现状和举行暴动的必要性,决定立即派交通员向皖南特委李杰三书记报告。

李杰三收到太平中心县委的报告之后并没有直接批示,而是建议父亲直接向闽浙赣省委报告,这引发了中心县委委员们的些许不满。委员们目睹着农民群众的群情汹涌,深知暴动有如箭在弦上,如果我党不在群众自发的暴动中拿出行动,很可能将会失去贫苦大众的信任,以后再想组织群众、发动群众势必难行。

父亲也对此感到十分棘手。面对这样的两难境地,他最终决定于 7 月底派出两路交通员,一路到特委,一路到省委,把暴动的原因、范围、准备情况向上级做了详细的报告,并请求省委帮助解决两个问题：一是要求派武装来支援——地主都有自己的武装，暴动一起，若是仅靠农民手持锄头、镰刀与地主的真枪实弹对阵，势必要带来很大的伤亡，自身没有武装的太平中心县委需要省委的大力支持；二是要求派有经验的干部过来——暴动胜利后中心县委立刻就会面临给农民分田地、尽快建立苏维埃政权的局面，还要继续做群众工作，这些都需要有经验的干部予以帮助。父亲向省委表达了太平中心县委殷切的希望，请求省委以最快的速度解决这两个问题。

省委办事效率非常高，很快就批准了太平中心县委上报的柯村地区农民暴动计划，并派交通员给太平中心县委带来了一封密信，要求父亲他们立即着手做好暴动前的一切准备，等省委派去的武装和干部一到位就实施暴动。

为了做好、做全暴动前的准备，中心县委把几个县委的同志找到拜祭堂，不分昼夜地开了两天会，研究了几个必要的问题：

第一，各个县委的党支部要领导暴动，所有的党员都要起到应有的作用，但党支部的一切工作都要秘密进行，不能公开。这是党组织进行活动的一贯作风，只有保密工作做好了，才能在制敌方面发挥最大的作用。

第二，以自然村为单位，团结一切力量，普遍建立农民团作为暴动的主力。在暴动之前，所有的农民团都系秘密组织，绝对不能泄露。农民就生活在地主的眼皮子底下，虽然当时柯村的情况还比较落后，当地人的消息也十分闭塞，但是，地主都深知很多地方发生了农民暴动，也都明白暴动的利害关系，因此，他们对农民的一举一动也都在暗中观察，谨防发生什么对自己不利的情况。在暗中秘密组织农民革命团，可以在暴动发起时打地主一个没有防备。

第三，要把各个村庄里的地主、豪绅、保长的情况调查清楚，监视、掌握他们的一切行动，暴动时把他们全部捉起来，有的要杀掉，要解除当地民团的武装。父亲还特别强调：暴动过程中，在第一时间摧毁反动势力是非常重要的，这关系到暴动的成败。对反动势力的头目绝不能手软，暴动前要密切监视，以免打草惊蛇，促使其逃跑。暴动发动后要在第一时间限制反动势力的人身自由。父亲之所以对这一条要求特别注意，是因为他在家乡葛源搞暴动的时候就有个占有土地3000亩的周姓大地主事先得到消息跑掉了。这个周姓地主在逃跑后勾结地主武装和国民党军队打回葛源来搞"复辟"，革命力量因此吃了他们不小的亏。

第四，暴动时要把田契、债券搜集起来，一齐烧毁。为了防止地主将来以各种不平等契据要挟贫苦农民重回他们的爪牙之下，每次农民暴动都要切实把地主家所有的田契、债券找出来并烧掉，这一方面解决了农民的后顾之忧，另一方面也是对封建旧势力做一个彻底的了结，是农民暴动中必备的环节。

第五，要组织自己的武装，暴动时要很快把农民团的队伍武装起来。虽然父亲之前已经向省委请求了武装支援，但是，暴动的主体是太平中心县委和柯村当地农民，自身的武装是十分重要的。

这次会议结束之后，各县委立即将会议的内容和决定向各党支部作了传达，并开始秘密发动各方农民群众，紧张地进行暴动前的准备。

8月中旬，省委派出的武装和干部还没有到达太平中心县委，但是，一位党组织地下工作者在送信的途中不幸被反动派俘房，在严刑拷打中牺牲，他所送的密信也被国民党保安队搜去，柯村农民准备暴动的消息已经被国民党获悉。中心县委闻讯后，决定不等省委派出的干部和武装到达，立即举行暴动，由太平中心县委委员、黟祁县委书记韩锦侯担任总指挥，暴动的指挥部就设在拜祭堂。

打响暴动第一枪

1934年8月21日深夜，经过了太平中心县委、各县委的充分准备和动员，柯村地区的农民暴动终于打响了第一枪——在指挥部的领导下，由柯村和杨家墩地区的农民革命团体率先举行暴动。

当时柯村地区最大的地主名叫胡炳希，他不但在柯村霸占着大量的土地，还组织、训练了一支地主武装。胡炳希平日里为人飞扬跋扈，常常动辄辱骂、殴打佃户，并巧立各种名目以增加地租。租种胡炳希土地的农民都对他十分痛恨，无奈胡炳希势力庞大，他组织的地主武装也相当厉害，为了保住性命，农民只能忍气吞声，任凭胡炳希肆意剥削和压迫。

除了胡炳希以外，柯村当地还有几个平日里经常欺凌弱小的无良地主、豪绅和保长，其中汪炳才和胡昌阳二人都是农民恨得咬牙切齿的代表人物。在筹备柯村暴动期间，想到可以亲手将这几个恶人捆绑批斗，很多农民都难以抑制心中的激动情绪，他们心中积攒多年的一腔怒火终于要爆发出来了！

没有先进的武器，农民革命团就利用手中能用来杀敌的一切工具——挖土用的铁锹、种地用的长镐、收割用的镰刀、屠户的杀猪刀、猎户的土枪还有武把式平日里拿在手中耍弄的大刀和长矛……农民抓紧时间制作土枪和弹药，把所有的刀刃和矛头磨砺得锋利无比，指望能够用它们将地主的武装彻底粉碎。

22日凌晨，来自杨家墩、乌头坑、新棚、柯村等村寨的3200多贫苦农民在一百多名中共党员的领导和帮助下参加了暴动。人们高举着自制的各种武器涌入地主们居住的街巷，用铁锹、长镐砸开地主家的大门，用土枪、大刀、长矛制服地主的武装人员，冲进庭院和房屋的各个角落。在很短的时间里，几个大地主就被制服，农民用绳子将地主紧紧捆缚，押送到一个统一的地方，农民革命团还在暴动中缴获了320支枪支和大量弹药。

当时国民党在柯村地区有一个乡村机构，黟县自卫团团总汪晓堂带领一些国民党士兵在这里驻扎。虽然国民党有先进的枪械武器，但是，热情高涨的暴动农民仅仅靠自制的武器便将他们彻底控制住，很多国民党士兵见到暴动农民冲进院子之时直接就举手投降做了俘虏，而汪晓堂也像地主一样被捆了起来扭送到批斗地主的现场。

在批斗地主的现场，农民痛骂地主、恶绅和保长，将他们以往所做过的各种恶事都揭发出来，很多妇女和老人在控诉中都流下了悲愤的泪水。人们在批斗现场燃起了一堆篝火，把从地主家搜出来的各种不平等借据、租约和田契一张张焚毁。看着熊熊燃烧的革命烈火将自己一辈子的屈辱烧了个一干二净，很多农民禁不住拍手叫好，有的人还忍不住流下了激动的泪水。仇恨的痛骂声、激动的拍手声、高兴的欢笑声和悲愤的痛哭声在那个夜晚响彻了整个柯村的山谷，农民终于将地主对农民祖祖辈辈的压迫彻底推翻，迎来了自由和光明。

短短的7天时间里，东起黟县方家岭、西至本县城安、南到祁门历口、北达石埭七都，暴动的火焰迅速在东西110余里、南北120余里的范围内蔓延，将这次农民暴动逐渐推向高潮。9月2日，闽浙赣省委派遣的工农红军游击大队300人到达柯村支援武装暴动，红军的到来壮大了暴动武装，使得农民革命团的暴动热情更加高涨。如洪水般奔腾不息的农民革命团在红军的帮助下，迅速席卷并捣毁了国民党在柯村地区的乡公所，一举推翻了柯村周围地区的国民党的乡、保政权，暴动胜利了！

暴动迎来了阶段性的胜利，各地农民纷纷开仓分粮、焚烧地契债据，写着"为土地、为自由、为苏维埃政权奋斗到底"、"打倒帝国主义，推翻国民党政府"、"中国共产党万岁"等标语贴满了大街小巷。数不清的红旗在一个个村庄的上空飘扬，村民家家户户都喜气洋洋庆祝胜利。党组织对这次农民暴动的组织和领导被群众看在眼里、记在心头，许多青年农民纷纷踊跃报名参军，一时间呈现出母亲送子、妻子送郎当红军的感人景象，被派遣来的红军游击大队也迅速扩展为四个中队。

在暴动浪潮的推动下，农民团、地方游击队等组织陆续由秘密转为公开活动。在不到一个月的时间里，以柯村为中心，黟祁石太四县交界的56个村，相继建立了有数千农民参加的农民团。每个农民团有二三十人的游击队和赤卫队。农民团的主要任务是配合红军游击队打土豪、站岗放哨、递送信件、组织担架队、筹办食宿等，实际上起着基层政权的作用。这些群众组织的发展壮大，为创建苏维埃政权，充实革命武装力量，奠定了广泛的群众基础。

这次暴动是在党的直接领导下进行的，暴动声势大、范围广、时间长，给国民党反动派以沉重打击，在安徽省第二次国内革命战争史上书写了光辉的一页。

随着闽浙赣省委派遣的工农红军游击大队一同来到柯村的还有一批干部，他们带来了省委比较详细的指示信。父亲迅速组织召开了太平中心县委扩大会议，由闽浙赣省委委员宁春生传达省委指示，研究了暴动后成立苏维埃政权、分配土地等一系列问题。

成功建立皖南苏区

柯村暴动取得了胜利之后，父亲在闽浙赣省委派来的干部协助下，积极筹备成立皖南苏维埃政府的相关事宜。1934年10月，在父亲的主持下，太平中心县委在柯村召开了群众大会，宣布"皖南苏维埃政府"正式成立，由宁春生任主席、方再兴任副主席，下设财政部、供给部、土地部、裁判部、交通部、印刷部、文教部等8个部门，组建了中国工农红军皖南游击大队。大会还宣布成立少共团、妇女会、贫农团等群众组织。

在此之后，皖南苏维埃政府下属的县、区、乡，也都建立了相应的苏维埃政权。当时县一级的苏维埃有太平县苏维埃、黟祁县苏维埃、石埭县苏维埃。皖南苏维埃政府成立的同时，太平中心县委由拜祭堂迁往柯村，进一步健全和发展了党的组织。至此，东起黟县方家岭、西至石埭赤岭（今属祁门）、南到祁门历口、北抵石埭七都，方圆百余里的红色苏区诞生了。

当时父亲的工作，第一是消灭反动势力，消灭敌人的武装；第二是打倒剥削者，捉地主、烧田契；第三是准备分田、分浮财、分粮食。

为了更好地分配土地，太平中心县委决定先给暴动胜利地区的人民划分阶级。父亲虽然在葛源老家有过几次搞农民暴动的经验，却因为当时年纪尚轻，并没有过多参与暴动的后续事宜，包括他在内的中心县委都没有划分阶级的知识和经验。

这一点，闽浙赣省委的领导已经想到了，省委派来的宁春生同志从苏区带来了关于农村阶级分析的各种文件以及土地法令和分配实施规则。在柯村暴动胜利之后，父亲分别于10月、11月，在宁春生同志的帮助下，主持和举办了两个土地培训班，把中心县委下辖的各县委能抽出来的干部都找来参加培训。两期培训班的约200人将农村阶级分析、土地法令和分配实施规则等文件学习了一遍，分清了什么是地主、富农、中农、贫农、雇农。

皖南苏维埃政府还成立了土地委员会，具体领导农民团进行土地分配工作。在父亲的建议下，县委、党支部和土地委员会统一按照当年江西葛源暴动的做法，以乡或自然村为单位，按照土地占有数量及形式、劳力、雇工等情况为群众划分阶级，按人口平均分配土地，并规定贫农、雇农和红军家属分好田、富农分差田，地主和外逃人员不分田。

至此，各地的村庄陆续在县委、党支部和土地委员会的领导下开展分配土地的工作，在以柯村为中心方圆数十里的范围内共有600多户3000多人分到了土地，每人平均两亩多。皖南苏区还曾经流通过农民称之为"红军票"的苏维埃货币。

成功建立皖南苏维埃政府之后，父亲积极地投身于发展武装力量、开展武装斗争、巩固和保卫苏区的任务中。暴动成功后，中心县委决定以宁春生带来的红军游击队为主体，吸收当地游击队的部分骨干，成立了"红军皖南游击总队"；县、区、乡也都成立了地方武装（县设大队，区设中队，乡设分队）；此外，还有农民团、赤卫队等群众性军事组织。这些武装力量在1934年9月到1935年1月期间曾经多次参与各种武装斗争，在镇压土豪劣绅、地主民团的同时，还利用山区有利地形，以少胜多，与进攻柯村苏区的国民党军七十八师、八十八师所部以及石、太、祁、黟等县的保安队、民团、壮丁队，先后在木子岭、打鼓岭、茅山岭、方家岭、菖蒲、朗坑、毛坦河、杨家墩等地，与敌战斗十余次，毙俘敌130多名，缴获武器数百件，打退了敌人的多次反扑和"围剿"，胜利地保卫了苏区。

在皖南苏维埃政府的主持下，父亲还举办了工会、农会、干部、妇女、白区工作等各种训练班，积极为党组织培训干部和骨干，培养了一大批能担当各方面工作的人才。

在太平中心县委由拜祭堂迁到柯村并成立了皖南苏维埃政府之后，闽浙赣省委曾经决定，要皖南特委迁入柯村苏区。李杰三是个斯斯文文的人，没有搞过武装斗争，暴动后，他来到柯村，见到敌人进攻苏区十分不安，坚持要把皖南特委设在屯溪。

第三章
游击战争显身手

- 应势而生的红军皖南独立团
- 艰难寻找闽浙赣省委
- 开辟鄣公山根据地
- 适应形势，成立皖浙赣省委
- 战绩累累的红军皖浙赣独立团
- 随机应变，奇袭昌化城

在方志敏同志的指示和帮助下成立了红军皖南独立团,以开展游击战争的方式,一边进行武装斗争,一边积极宣传抗日,同时大力发展白区秘密工作。皖浙赣边区的三年游击战争,是南方八省十四个地区三年游击战争的重要组成部分。

同其他地区一样,皖浙赣边区党组织及其领导的红军游击队,在艰苦卓绝的3年游击战争中,给国民党反动势力以沉重的打击,保存了一大批革命骨干,并锻炼了群众。皖南独立团的成立,使父亲从此正式踏上了军事生涯。在游击战争中,身为皖浙赣省委组织部长兼独立团政委的父亲,为坚持红旗不倒、火种不灭,进行着殊死的搏斗。

应势而生的红军皖南独立团

皖南苏维埃政府成立后不久,闽浙赣省委派交通员送来了一个秘密任务——帮助安排红军北上抗日先遣队在柯村地区的休整工作。父亲接到上级指示后,立即与其他领导同志一起,积极做好了准备工作。

1934年7月5日,为推动抗日救国民族运动,牵制和分散国民党军,减轻敌人对中央革命根据地的压力,中共中央决定以红军第七军团组成的红军北上抗日先遣队向闽浙皖赣边前进。

7月7日,红军北上抗日先遣队由江西瑞金出发,经福建长汀、大田、尤溪、水口,于10月下旬到达闽浙赣革命根据地德兴县。

第三章 游击战争显身手

11月4日,根据中革军委命令,北上抗日先遣队与红十军整合改编为红十军团,成立了以方志敏同志为主席的军政委员会。红军北上抗日先遣队面对25倍于己之敌,苦战数月,损失很大。特别是谭家桥之战失利,部队极度疲劳,亟需进行短期休整、安置伤病员。在父亲等人的努力下,刚刚创建的柯村苏区对于先遣队来说,真是雪中送炭。

1934年12月18日,在方志敏同志的带领下,红军北上抗日先遣队近万人的大部队浩浩荡荡来到了柯村,随军的还有军团长刘畴西、军团政委乐少华、军团参谋长粟裕、军团政治部主任刘英等。刚刚建立的皖南苏区仅仅是一个100多里的狭长地区,一下子接受这么多人员的部队休整,包括父亲在内的苏区干部都觉得十分光荣。

方志敏同志等率部到达柯村时,方圆几十里的群众纷纷从四面八方涌来欢迎。热情的群众敲锣打鼓、放爆竹,高喊"我们自己的红军来了",张贴支持红军的标语,村镇都高挂着红旗。

方志敏同志在柯村召开的群众大会上作了讲演,父亲和广大人民群众都从他的话中受到了很大的鼓舞和教育。朴实的农民团还积极筹米、筹衣、杀猪宰羊慰问红军,将红军视为最亲的人。先遣队在经历了多次战斗之后,很多红军战士都身负轻重伤情,为了救治伤员,宁春生同志在双河口大山里办起了医院,分散安置了五六百名伤员。

方志敏同志到柯村后住在了一个庙里。当天晚上便找来父亲和宁春生、韩锦侯等干部,就柯村苏区的规模和武装力量、暴动成功后成立苏维埃政权之时平债分田的具体情况和党组织有无公开、边界有无赤白对立等情况,进行了长时间的谈话。

方志敏先是询问宁春生:"你带来的部队有没有损失?"宁春生说:"没有损失。"方志敏点了点头,又问父亲:"柯村苏区范围有多大?"父亲说:"是个椭圆形,长一百多里,宽八九十里。"方志敏同志紧接着问道:"平债分田搞得怎么样?"父亲回答说:"打土豪,分田地正在搞。中心地带柯村四周搞得较早,已经完成了,较远地区像石埭那边正在搞。"方志敏思考了一下说道:"我担心的是这个地区的党支部公开了没有,是不是秘密的?""没有,隐蔽得很好。"父亲的回答,让方志敏很满意。

听完父亲他们的汇报,方志敏接着讲道:"现在整个形势有变化,反'围剿'整个状况对我党很不利。中央苏区的第五次反'围剿'已经失败了,党中央被迫作战略转移。鄂豫皖根据地已经外线作战,转移到川陕一带去了。闽浙赣老苏区的情况也不乐观。现在日本加紧侵略中国,国民党不抗日,我们红军主力也要北上抗日,很快就要离开。这样的情况下,你们继续在这里搞苏维埃运动不大合适。你们这个地区一共也不过是500多人的武装,我们撤走后,因为你们这一块地区太红了,敌人已经注意到了,因此你们要保存力量,现在要逐步把苏区转为游击区,你们太平中心县委、皖南特委要研究这个问题,现在就要逐步把苏区转为游击区。当然,转会有损失,不转损失更大。"父亲听了连连点头。

随后,方志敏同志又讲了3个问题:第一,先遣队走后,国民党部队会追击,暴动时跑出去的坏人也会还乡报复,要仿效过去江西苏区坚壁清野的方法,特别要注意保护基本群众,尽量减少损失。预计国民党部队要经过的一些地方,群众要统统疏散上山,先避过这一阵子。等先遣队走了,敌人也走了

（也可能有少量敌人驻下），再掩护群众下山回家；第二，要把不能在当地待下去的干部带出去打游击，已经公开身份的党员要吸收参军；第三，组织掩护苏区转为游击区的武装力量。先遣队的侦察营留下，加上宁春生带来的部队和皖南苏维埃政府自己的武装，组成"红军皖南独立团"。由侦察营营长熊刚任团长，父亲任政委，归皖南特委领导。宁春生接任太平中心县委书记，负责地方党政工作。

为了改组皖南特委，方志敏在柯村召集特委工作人员和政治工作团开了个会，到会的总共有五六百人。方志敏主持了会议，批判了李杰三在担任皖南特委书记期间的右倾错误，撤销了李杰三书记的职务，改任副书记。

方志敏同志交给独立团三大任务：开展游击战争；进行抗日宣传；大力发展白区秘密工作。独立团等于是武装工作队，以武装掩护发展秘密工作是二位一体的事，要互相配合。方志敏同志还对父亲他们说道："你们有村，还有黄山、九华山这样两座山，以黄山为中心，游击战争是可以搞得起来的。至于领导关系的问题，还是属皖南特委领导。这次皖南特委要改组一下，由王弼留下当皖南特委书记。"不过，后来王弼叛变，并没有起到应有的作用。

最后，方志敏同志亲笔写下了8个字"紧握橇枪，任他风暴"，鼓励苏区军民拿起枪杆同敌人斗争。因为当时没有人认识"橇"字，向部队传达时，父亲就将这8个字读作"紧握钢枪，任他风暴"。先遣队在柯村休整了3天，由于敌人的追兵迅速逼近，1934年12月21日，红军北上抗日先遣队在方志敏同志的带领下继续向黟县方向转移。

虽然说革命斗争每天都会有人牺牲，但是，父亲从来没有想过这次帮助红军北上抗日先遣队作休整时与方志敏同志的会面将会是最后一次。对父亲的人生来说，方志敏同志与他的两次谈话，都在关键时刻为父亲指明了斗争的方向，犹如暗夜中的启明星一般。

根据方志敏同志的指示，父亲负责皖南红军独立团的相关工作。独立团开始是两个营，6个连，一共有500多人。其中一个营是宁春生带来的游击大队组成的，有300多人；另一个营是先遣队留下的侦察营，方志敏同志将部队中挑选出来的精兵强将组成的侦察营留给皖南苏区，对父亲等人寄予了厚望。在此之后，在父亲的努力下，一些县区武装也发展成为独立团的第三营。

独立团最初在柯村周围活动，掩护党政机关，部署苏区转为游击区。1934年12月底，国民党军队3个团向柯村进攻，敌情紧急。特委机关白天疏散晚上集中。特委为了避免被敌人一网打尽，规定疏散时一伙不得超过5个人，分散活动在三角村、里坞、外坞、大桐源、小桐源、木子坑、大河口等地。红军独立团转向宣城、旌德、昌化等县外线行动，还活动到青阳县九华山和黄山周围。

艰难寻找闽浙赣省委

红军北上抗日先遣队转移后，追随而来的国民党第十一路军所属七十八师、八十八师进驻柯村地区，大肆烧、杀、抢、掠。父亲按照方志敏同志临行前的指示，将柯村地区的群众和干部疏散到附近地势险要的山上，待国民党军队离开之后，再小心谨慎地组织群众返回柯村地区重建自己的家园，最大限度地避免了人民生命和财产的损失。

从红军北上抗日先遣队离开皖南苏区开始，父亲便按照方志敏同志的指示，全身心投入到了由苏区斗争方式向游击区斗争方式的战略转变工作之中，与此同时，南方各游击区也开始了由正规战向游击战的转变。

1935年春天，父亲在国民党的报纸上看到了皖南特委书记王弼、组织部长张金载、少共书记苏承品等人的自首书，这几个人忍受不了国民党反动派的拷问，相继叛变，将知道的有关党组织的情况和盘托出。

父亲看到这个消息十分震惊，同时也非常担心皖南特委的安危，立即拿着报纸找到了宁春生同志，焦急地商量如何应对才能最大限度地保护皖南特委。为了找出最有效的对策，父亲和宁春生同志当即决定立即召开太平中心县委会议，能抽调出来的干部全部参加会议。

在会议上，父亲将报纸上的消息作了通报，干部们纷纷出谋划策，将自己的想法说出来。父亲与宁春生同志综合了大家的意见，决定立即把与皖南特委有联系的党组织地下交通站转移地方。宁春生同志还特别提出了自己的意见——虽然目前各方面的消息都被封锁、切断了，在王弼、张金载等叛徒的出卖下，皖南特委和新建立的苏维埃政权也受到了严重的影响，但党组织还是存在的，因此还要找到领导，必须尽快想办法与闽浙赣省委取得联系。

参与会议的干部们都同意宁春生同志的看法。但是，交通站已经遭到了严重的破坏，能够派遣的人十分难找，而且路上很可能会遇上国民党反动派的围追堵截，必须有武装才行。综合了各种因素之后，会议研究决定，由父亲与熊刚同志一起，带领一个营到赣东北苏区去寻找闽浙赣省委，这个营原来是宁春生从赣东北带出来的部队；另外留下一个营，交给原先遣队留下的侦察营张政委领导继续在柯村一带开展游击斗争。

父亲与熊刚同志带着一个营离开柯村，经过黟县、祁门、婺源，再经过怀玉山陇首，来到了德兴的广田山，找到了闽浙赣省委书记关英同志。父亲向关英同志汇报了在柯村执行方志敏的三点指示以及苏区转为游击区的情况；独立团执行三大任务的情况；王弼等人叛变，皖南特委遭受破坏，那里的党组织已经没有了上级领导等情况，并请示省委今后的工作。

关英同志听完父亲的话之后说道："红军主力已经失败，葛源亦已失陷，苏区转入游击战争后，形势也很紧张。方志敏同志对皖南工作的指示是正确的，不能再打硬仗，要开展游击战争，发展秘密工作。领导问题要和宁春生研究一下，要独立自主进行工作，以黄山为中心开展游击战争。你们和省委联系的问题，因为省委地点不固定，以后省委会派人来找你们。"

父亲也感到了当前的局势相当严峻，主力红军已经转移，苏区也很紧张，省委所在地葛源也被敌人占领了。在关英同志的安排下，父亲将带来的一个营进行了精编，并补充了一些弹药，又踏上重返皖南的征程。

回返皖南途中，父亲与熊刚同志带着部队经过了婺源莒莙山、鄣公山和休宁西乡的高舍、石屋坑等地。二人观察了周边的环境，认为这一带位于皖赣边，地理条件十分有利于游击战争的开展。

一方面，石屋坑位于鄣公山北麓，高舍位于鄣公山山腰，翻过山便是郜公山村。这一带地处皖浙赣三省四县（休宁、婺源、祁门、浮梁）边境，山高林密，敌人不大注意，是国民党统治薄弱地区，加之地形险要，山高林密，非常适合游击队的生存发展。另一方面，这里人民群众的生活十分艰苦，比较容易接受共产党和红军的宣传，而且以前曾有余玉堂传播过进步思想，有一定的斗争基础。综合这些因素，父亲他们决定就在这一带开展工作。

初到石屋坑宿营，父亲发现村寨里人烟稀少，人们见到他们都十分惧怕。经过询问和了解才知道，在这个兵荒马乱、兵来匪去的年代，老百姓听闻有当兵的来，并不了解他们是什么部队，担心受到迫害，心里都很害怕，大部分群众都躲在山上不敢和红军接近，准备等队伍走了再下山。父亲知道，这个事情得慢慢来，他先是找到了村民胡同庆、张志澄，亲切地与他们谈话，向他们宣传："我们是江西过来的红军，是共产党领导的队伍，是打土豪、分田地、救穷人的。"再通过他们向其他群众作宣传，并派人到高舍开展工作。

一天，父亲进村询问一个瘸腿老太太，得知村里有个姓张的保长，家里有80亩地，一部分在本村，还有一部分在山外，是个地地道道的大地主。父亲等人找到张保长家，张保长正在吃中饭，他没想到会有这么多红军光临，有些慌乱，红军战士不等他吃完饭就用麻绳将他绑起来，把他带到打谷场，然后敲锣打鼓召集村民开会。

一开始村民们不敢来，听到打土豪、分浮财的呼声后，才有三三两两的年轻人上来围观，渐渐地来了几十个村民。父亲站在一个大石鼓上大声说："乡亲们，我们是江西过来的红军，是共产党领导的队伍，是打土豪、分田地、救穷人的。今天我们抓住的这个张保长就是此地的恶霸地主,就是要批斗他、打倒他,分他的浮财。"

起初,村子里的人怕红军走了以后地主还会找他们算账,并不十分积极响应。父亲又说:"老俵们心里有顾忌,担心反动势力秋后算回头账,这个担心是有道理的。红军是为穷苦人打江山的,就是要消灭反动势力,让咱们泥腿子自己当家做主,翻身当主人。今天这个张保长就是靠喝穷苦人的血汗,靠收穷人的租谷才过上好日子的,是剥削者,是反动派。就像是钻在穷人兄弟身上的蚂蟥,吸我们穷人的血。这种人不镇压,穷人就翻不了身!"然后下令将这个张保长拉到河滩上枪毙了。

乡亲们看到平日里作威作福的地主被红军枪毙了,才相信了父亲的话。紧接着,红军把张保长家的财物统统搬到打谷场上,按户进行分配。全村人兴高采烈,像过节一样。不过,还是有极少数的村民害怕遭到报复,父亲就对他们说:"要想彻底打倒反动势力、恶霸地主,我们穷人就要组织起来,成立贫农团,与他们斗争,对恶霸地主进行镇压,咱们农民才有活路。"

村民们听到父亲这样一说,犹如拨开云雾见天日,明白了自己可以站起来保护自己的利益,第一次有了当家做主的感觉。父亲派去的人在石屋坑、高舍的工作开展得也很顺利,几天后,躲在山里的群众陆续下山和红军接近了。

有一天晚上,哨兵来报告说,有一个村民求见。父亲心中一喜,忙说:"快请。"进来的是一个二十七八岁的年轻人,父亲以为来的是有什么要求的村民,没想到年轻人进来就伸出手来说:"同志你好,我是彰公山支部书记余玉堂,归祁婺中心县委领导,隶属皖赣特委。"

父亲喜出望外，他没有想到这个地方还有党的秘密地下组织存在。余玉堂向他报告了皖赣特委撤出程家山进入贵秋东地区后的斗争形势，着重谈到了鄣公山周围党组织的发展和反动派的势力。我父亲也向余玉堂通报了皖南斗争情况和省委指示，谈到要在这里开辟游击区，余玉堂很兴奋，提出引见石屋坑的进步青年。

余玉堂随即介绍了胡同庄、胡秀美等几个年轻人，父亲向他们讲述了江西方志敏两条半枪闹革命的故事和赣东北苏区打土豪分田地的动人情景，又拿出苏区通用钞票给大家看，动员大家联合抗租抗税，秘密替红军办事，替穷人打天下。几个年轻人听了热血澎湃，纷纷表示愿意为革命贡献自己的一份力量。父亲又给大家讲了斗争艺术和开展工作的方法，要求大家注意保密，遵守秘密工作纪律，注意保护自己和同志。就这样，父亲在这个陌生的地方建立起了一个新的交通站。

为了不暴露他们在此地开展工作的目标，父亲决定把部队带到别处去。在父亲的安排下，由一个指导员带领一个班留下继续做群众工作，父亲和熊刚则带部队回柯村一带去找宁春生和留下的部队。

回到柯村地区时，父亲得知，他和熊刚带部队去找省委后，刚一离开，国民党就纠集七十七师、八十八师和祁门、黟县、石埭、太平等县的保安团、自卫队、壮丁队等数千人的兵力，疯狂向柯村苏区进攻，张政委和宁春生带领部队和敌人进行了顽强斗争，但因敌众我寡。国民党的正规部队和地方"保安队"占领了柯村。

这时，父亲还是念念不忘拜祭堂这个地方。回到拜祭堂，看到村子里没有人，房子烧了，伤病员和医院也找不到，父亲的一颗心悬了起来。十几天后，父亲和熊刚带领部队在黄山一带找到张政委和他带的原侦察营，部队没有什么损失。然而，却始终没有宁春生同志的任何消息。

张政委对父亲说，大部队离开后五六天，宁春生去处理医院的事，就和他们分开了。敌人目前在柯村驻有正规部队一个团，还有安徽省保安团的部队，在那里残酷镇压群众。国民党天天在搞自首运动，党组织基本上垮了，群众情绪也比较低落。

一个多月后父亲才了解到，因叛徒出卖，弹尽粮绝的宁春生于4月21日不幸被俘并关押于屯溪敌人感化院。敌人软硬兼施，妄图从宁春生口中得到党组织的情况，均遭宁春生的严词痛斥。一无所获的敌人恼羞成怒，残暴地杀害了宁春生同志。

由于国民党军队的疯狂"清剿"，皖南的游击战争遭受了很大损失。地方党组织找不到，也没有了上级指示。大家研究确定，还是去鄣公山重新开辟游击根据地，那里离闽浙赣省委比较近，可以随时得到上级指示。

开辟鄣公山根据地

1935年5月，父亲与熊刚同志率领皖南红军独立团第二次来到了高舍、石屋坑。仅仅不到一个月的时间，这边的宣传工作已经做得非常好了，群众的革命意识和斗争积极性都被调动到比较高的水平。

第三章 游击战争显身手

父亲经过了仔细的考察之后，将积极分子胡同庆、张志澄、谢正发、胡有纪吸收入党，并建立了鄣公山党支部、高舍党支部、石屋坑党支部和里庄党支部，分别由余玉堂、谢正发、胡同庆和胡有纪任支部书记。各党支部建立之后，父亲决定将鄣公山支部向莒莙山、水岚山一带发展；石屋坑支部向田里、下大连、汪村一带发展；里庄支部向里广山、郎溪一带发展；高舍支部向冯村、四门一带发展。每到一处，立即发动群众，建立农民革命团、妇女会、儿童团等群众组织。

为了方便红军活动，父亲带领大家建立了15个秘密棚，每个棚都确定专人负责联系和安全保卫，供往来红军居住。为了方便附近村民和红军伤员看病就医，一个简单的红军医院被建立了起来。为了安全起见，父亲将医院的地址设在距离上玙3里的后山坳里，到达这个山坳必然从上玙村前的石路上经过，只要有人经过，放哨的赤卫队员就能看到，可以最大限度保证医院的安全。

为了更好地掩护红军迷惑敌人，经红军游击队同意，农民团派人与驻汪村的保安队联系，要求派兵进驻石屋坑。不明真相的保安队派一名王姓小队长率队进驻，甚至石屋坑党支部还派人打进保安队当兵，了解并掌握了敌人的内部情况。

为了更好地在鄣公山地区开展游击活动、发展党组织，父亲和其他干部几次开会，讨论团结、领导群众的各种办法，决定：部队每到一村，首先打土豪，镇压恶霸，将他们的东西分给贫苦群众，并进行宣传，在群众中留下影响；待第二次到这个地方，群众就能主动靠拢组织，在此基础上再召开群众大会，宣传红军的宗旨，打下发展工作的基础；基础好、反动分子和土豪劣绅少的地方就留下三五个同志，在当地继续做宣传和组织工作，发展党员，建立党支部和扩大游击范围。经过了一段时间的工作，休宁、婺源和开化一带群众发动起来了，建立了农民团、妇女会等组织，党组织也在不断发展，许多地方都红了，形成了以鄣公山为中心的游击根据地。

1935年秋天，闽浙赣省委书记关英同志带团省委书记邵长河和4个警卫员来到了休宁西乡里广山，父亲汇报了鄣公山新区建立的党支部、农民团、妇女会、儿童团的数量、发挥的作用等各种情况。关英同志也介绍了赣东北的情况，告诉父亲现在成立了赣东北特委，由余金德、滕国荣等人负责。从此以后，关英同志就在鄣公山地区停驻，直接领导鄣公山地区的党组织，省委的工作中心也转移到了这里。

由于国民党的大肆"清剿"，很多党组织和游击队相继撤离了根据地，暂时与省委失去了联系。在省委想方设法联络各地党组织和游击队的同时，他们也在积极寻找省委。

根据省委的指示，父亲率部队四处寻找失去消息的党组织和游击队。在休宁里庄遇见了撤出泾旌宁宣根据地的李步新同志。

1936年4月，撤出贵秋东根据地前往赣东北寻找省委的王丰庆带领部队来到了鄣公山根据地。

不久后，余金德、滕国荣、余熙庆、赵礼生、何英等相继上了鄣公山，找到了省委。

皖浙赣边各地党组织和红军游击队大会合后，结束了一年多来分散坚持斗争的局面，形成了以鄣公山为中心的游击根据地，并进入了大发展的新阶段。

适应形势，成立皖浙赣省委

1936年4月，各地党组织和红军游击队大会合之后，中共闽浙赣省委在鄣公山召开扩大会议，决定将闽浙赣省委改为皖浙赣省委。闽北的党组织与省委隔断了联系，而安徽这边很多县有闽浙赣省委领导下的工作，因此这个时候省委的名称再叫闽浙赣就不大合适了，故而改称皖浙赣。省委书记仍由关英担任，省委委员有余金德、刘毓标、滕国荣、王丰庆、李步新、赵礼生、何英、江天辉、邵长河等，父亲任省委组织部长，滕国荣任省委宣传部长，邵长河任团省委书记，余玉堂任省委秘书。

扩大会议对当时的政治形势作了分析与研究，讨论和决定了党在整个游击区总的工作方针与任务，主要是广泛开展游击战争，大力进行抗日宣传，发展党的秘密组织，积极发动群众，为巩固与扩大以鄣公山为中心的皖浙赣边游击根据地而斗争。会议还讨论了有关政策问题，并相应作出了决定。

围绕省委总的工作方针，会议决定将皖浙赣边划分为5个特区，建立5个特委：一是以江西德兴为中心，包括乐平、浮梁、婺源、上饶、横峰、弋阳、贵溪、余江、万年等县建立赣东北特委，余金德为书记；二是以祁门为中心，包括休宁、婺源、浮梁、都昌、波阳、湖口、彭泽等地区建立皖赣特委，王丰庆为书记，李步新为副书记；三是在泾县、宣城、宁国、于潜、昌化、孝丰、郎溪、广德等地区建立上浙皖特委，邵长河为书记；四是在淳安、遂安、歙县一带建立下浙皖特委，何英为书记；五是在开化、婺源之东南及休宁一带建立开婺休特委，赵礼生任书记，并派余熙庆在该地区指导工作。会议还决定以皖南红军独立团为基础，编入其他部队，组成直属省委的皖浙赣红军独立团，由熊刚任团长，父亲任政委。

郭公山会议之后，皖浙赣边游击战争进入了新的时期。在皖浙赣省委的直接领导下，党的建设、武装建设、文化工作，特别是在执行政策上的某些转变，都有很大成绩：

在军事方面，根据地要完成打仗、做群众工作和筹款三大任务。在巩固扩大根据地的思想指导下，还要广泛开展根据地以外的游击战争，打击当时的主要敌人。战术上采取奇袭、奔袭、伏击和速决的办法，创造了许多适合皖浙赣边区特点的新战术，如"打回马枪""八字形、六字形""电光形""长蛇形""分进合击""以拖对追""分散对集中""集中对分散""牵着敌人鼻子打圈"等。

在政治工作方面，根据地要坚持党对军队的绝对领导和政治工作与政治委员制度。连有党支部，团有党总支，独立连和独立营以上设政治委员。以党组织为核心，采取多种形式开展思想政治工作。执行"三大纪律、八项注意"，发扬官兵平等、艰苦奋斗等传统。及时总结作战经验和政治工作经验。通过一系列工作，使部队顺利完成任务得到保证，部队迅速壮大，发展到约3000人。

在党的建设方面，不论部队和地方发展党员，都要具备3个条件：成分出身好，政治上纯洁，经过革命斗争的长期考验，从而保证了无产阶级政党的纯洁性、战斗性。环境允许时，党组织抓紧时间进行党章、党员须知教育，开展党的活动，进行批评与自我批评，保证党的团结一致，及时反映当地政治情况，举办短期训练班，培养党的干部。

在群众工作方面，以积极的军事行动作掩护，发动群众，组织群众，深入宣传党的主张和政策，使更多的群众参加革命活动。建立各种群众组织，如农民团、妇女会，在此基础上发展党团组织。积极领导群众进行抗租抗息抗税和反抽丁的斗争。在群众中积极开展文化娱乐活动，组织学文化，并加强对妇女、儿童教育，不断提高广大群众的思想觉悟。

在统战工作方面，实行打击首恶分子，争取中间力量，便利发动群众的政策。对土豪劣绅，除罪大恶极者外，一般不杀，而采取扣押、教育、罚款，并要他们向其他土豪劣绅宣传，自己向红军缴款；对于保甲长采取教育为主，打击其中个别坏的，争取大多数为党服务，允许他们做"两面派"，为党组织搞情报，给党组织代购一些一般群众难以买到的东西；对于城市商人，允许他们来山区做生意，利用他们为党组织打听消息，购买书报、文具、药品及其他的用品，但不准他们进行任何破坏活动。

1936年冬，整个皖浙赣根据地发展到以黄山、鄣公山、磨盘山、怀玉山等山区为中心的江西弋阳、横峰、德兴、贵溪、上饶、乐平、婺源、浮梁、都昌、湖口、波阳、彭泽，安徽的休宁、歙县、祁门、黟县、太平、石埭、青阳、贵池、秋浦、东流、泾县、旌德、宣城、宁国和浙江的开化、淳安、遂安、昌化、于潜、孝丰等广大地区。

除了扩大范围以外，根据地还要求各特委积极发展游击区武装，除独立团外，每个特委都直接领导一个红军独立营，一般有两个连；每个连都有一二挺机枪及花筒手提机枪；每个中心县委也直接领导有游击大队或游击中队；每个县委都有游击队或短枪队。

皖浙赣省委带领游击队在鄣公山根据地活动的时候受到了广大群众极大的帮助。当时省委机关经常驻在休宁县的高舍、石屋坑和婺源的鄣公山。在高舍，主要住在谢正发家，还有一家为掩护红军也出了不少力。石屋坑当时全村都红了，这个村的党支部和群众，为扩大游击根据地、掩护省委、支持红军等作了很大的贡献。省委机关当时不过10人，有关英的秘书，有搞油印的，搞警卫的、跑交通的，没有什么武装。但情况紧张时，省委总能待得住。

有一次，关英同志和父亲他们几个人正在村里一家楼上研究工作，忽然保安队来了，情况很紧张，村里的群众很快行动起来应付敌人，使父亲他们摆脱了危险而安然住在村中。由于敌人封锁很严，省委的物资供应发生很大困难，群众千方百计通过各种关系到外面买他们所需的物品。村子里的妇女还组织了缝纫组，父亲他们部队的冬衣基本上都是这里做的。部队缺子弹，省委一方面在战斗中向敌人要，一方面由群众想办法买，再就是通过打入敌人内部的同志搞弹药，有时还能搞出整箱的子弹。部队的粮食问题、伤员问题等等，都是群众想办法帮助解决的。1936年冬天，环境艰苦没有饭吃，群众宁愿自己不吃也要给红军吃，连部队修枪也是当地的铜匠帮忙修好的。父亲后来回忆这段往事的时候深情地说："在三年游击战争中，如果离开了广大群众，就没有我们的立足之地。"

皖浙赣省委和红军独立团正是因为扎根在群众之中，所以在较长的时间里，能够以婺源的鄣公山和毗连的休宁石屋坑一带为战略基地和工作中心，使游击根据地得到了巩固和发展，

省委所在地郭公山,更是成为革命的坚强堡垒。

坚持皖浙赣边区三年游击战争的老战友
左起:朱辉、倪南山、邹志诚、刘毓标、柴荣生、方明、程祥元

战绩累累的红军皖浙赣独立团

郭公山省委扩大会议后不久,皖浙赣省委即在水岚山组织召开了军人大会,宣布皖浙赣独立团成立,以熊刚为团长、父亲为政治委员、邵长河兼政治处主任。独立团下辖3个营,以原皖南独立团为基础,编为一、二两个营,各地抽调来的游击队编为第三营,一营营长熊才辉、政委张世荣;二营营长黄贵成、政委杨汉生;三营营长宋泉清、政委阙怀仰,指战员共800余人,机枪10余挺,为游击区的主力部队。

两广事变爆发后,蒋介石用于进剿皖浙赣边区的主力大部分被调走。省委根据这种形势,决定独立团的行动方针与任

务:"积极到鄣公山根据地的外线,开展游击活动,牵制和打击敌人(主要是打击鲍刚的独立四十六旅和地方保安队),随时随地做好群众工作,大力开展抗日宣传,筹集经费。"

1936年6月底,父亲他们的工作有了相当发展,为了反击敌人向鄣公山游击根据地的频繁骚扰,皖浙赣省委决定:部队应向浙江开化那边行动一下。父亲和熊刚同志带了两个营从鄣公山出发来到了中心县委游击大队长邱老金那里,他的消息很灵通,也很熟悉这一带的情况,知道开化城守敌很空虚,大部队不在城里,只留下两个中队的敌兵。父亲马上决定细致侦察,摸清敌情,如情报确切则攻打开化,以巩固和扩大开婺休游击区,由宋泉清组织并执行侦察任务。

宋泉清接到任务后汇合邱老金等10多人,乔装打扮成商队的样子,混进城内侦察。进了城,他们分成两个小组,一边在城里叫卖货物,一边把国民党的营房、政府机关、交通位置一一作了侦察,发现开化城内敌人的营房分两部分,一部分设在城南碉堡边,另一部分设在东门县衙边上。侦察员还从县府公安科长楼胜利那打听到,目前城内只驻有浙江保安八大队的第二中队,这个中队战斗力极差,缺乏训练,装备虽好却难以发挥效力。后来侦察员又将警察队住房、牢房、县长寓所、办公室、仓库等一一探明,并连夜返回向父亲和熊刚同志汇报。

7月6日,父亲与熊刚同志同开婺休中心县委领导赵礼生、邱老金一起召开会议,研究侦察员带回来的情报,详细讨论并部署了攻城计划。决定以独立团两个营的兵力承担攻城任务,另派独立团侦察连连长吴生和率30余人在华埠一线警戒,以监视和牵制华埠方向之敌。

7月7日拂晓,经一天一夜急行军,部队行进到了城脚下。

7月8日凌晨两点钟，父亲他们再一次进行了战斗部署，安排任务：由熊刚同志带一个连及开婺休中心县委的游击队从城西花山攀梯子攻城，父亲则带一个营从北门进攻，而宋泉清和叶绍金带一个排的敢死队化装成老百姓，利用夜色以北城外的稻草堆为掩护，接近北城寻机登城。

漆黑的夜色中，宋泉清率领的敢死队在夜色中靠近城墙。快到城墙时，上面的国民党哨兵发现城外有人走动，便喊："口令！"敢死队用开化本地的土话回答："我们是肖村的农民，看田水的"。边说边迅速靠近。

敌兵听了觉得很奇怪，一个哨兵说："有半夜出来看田水的吗？"另一个哨兵说："可能有，双抢的时候农民抢水抢得厉害，还经常有两个村子发生械斗，用锄头打，脑壳都打破了，所以经常有人半夜里去扒别人的水渠争水。"

就在敌哨兵说话的工夫，敢死队火速沿梯子攀上城墙开枪击毙哨兵、打开城门。此刻正好是4点30分，是预定的冲锋进攻时间。父亲下令吹响了冲锋号，顷刻独立团的队伍便潮水般由北门涌入城内直插东门，截断敌人的逃路。

与此同时熊刚同志率领的部队抢占了花山上敌人的3个碉堡，战士们从城西越墙而入。经过半个多小时的战斗，独立团占领了城南的敌营房和城东门的县衙，开化县城完全被控制住了。

当独立团破城而入的时候，开化国民党县衙的官员还在睡梦中，他们听到突然响起的军号声和激烈的枪声，才知道是红军打进城了，吓得失魂落魄，有的衣服也顾不得穿，光身、赤脚向水桥头方向出城抱头鼠窜。还有的冒死涉过芹江逃跑，却被淹死在河水里。县巡官冯志祥和狱警等6名警员被当场击毙。只有部分残敌从南门逃过凹滩渡河躲进凤凰山碉堡内。

从花山入城的红军战士率先占领县衙门，捣毁其设施，砸开牢房放出90余名犯人。直接战果是俘敌百余人，缴获机枪6挺、步枪100多支、子弹4万多发、电台一部，敌中队长被打死。因为县长不在城里，所以未捉到。

由于1933年9月红军曾经攻克过一次开化城，当红军这次攻克开化县城时，城中居民都知道红军是打贪官污吏的，纪律严明，所以并没有外出躲避，反而还有许多人站在家门口含笑张望，有的还热情地向红军招手，有的则给红军送水送茶，没有丝毫的惧怕心理。

8日上午，红军战士分头在开化县城内的大街小巷里开展宣传，传播党的政策和红军的宗旨，号召"穷人们团结起来，参加红军游击队，打垮国民党反动派！穷人们团结起来，共同抗日，打倒日本帝国主义！穷人们团结起来，参加红军建立苏维埃政府！打倒土豪劣绅，开展分田地运动！"

城里的男女老少成群结队地出来听红军的宣传和演讲，一些年轻人激动得在街头巷尾高喊口号。在开展宣传的同时，遵照独立团领导的命令，将没收的大量财物大部分分给了当地的群众。部队在县城内逗留了约5个小时，于上午10时撤离县城，班师凯旋。

部队撤出开化后回师婺源，经斋宫、三坑至沱口沿路打了些乡公所，摧毁了很多碉堡，部队快走到鄣公山时便又秘密行动了。父亲他们出来时，关英对他们讲过：不能暴露目标，绝不能把敌人引向根据地。因此他们走到月岭之前就把俘虏放了，缴获的枪由自己战士挑着。

接近月岭时，部队从山上插下来，走到沱川通清华街的大路上，捉到敌人两个电话兵。独立团的侦察员马上问情况，那两个电话兵说："今天独立四十六旅有两个连要到沱川来。"

侦察员将此情况报告父亲和熊刚同志后，他们立即决定在月岭伏击国民党的这两个连。父亲叫那两个电话兵架好电话，向驻清华的独立四十六旅打电话报告，说红军从开化方面有两个连，向这边行进，但距沱川甚远，叫敌旅部赶快派人来阻击。当然，这套话都是父亲和熊刚同志编好的，目的就是要按已经部署好的歼敌计划调动敌军。

电话兵挂上电话，父亲和熊刚同志立即把兵力埋伏在两边的山上，枪口对着大路，指挥部设在月岭的亭子里，机枪也放在这里。当时的战斗信号是机枪一响，两边山上的部队便一齐向山下打。父亲他们布置好后不到3个小时，驻清华的敌人果然来了两个连。因为之前接到电话说红军独立团离这里还很远，国民党的这两个连完全没有任何戒心，他们打着赤膊，枪扛在肩上，枪头上还挂着衣服，逛街似的进来了。

当他们走进伏击圈时，指挥部的枪响了，没有打几下子，这两连人几乎被独立团全部消灭了，只跑了一部分走在后面的人，独立团也牺牲了一个连长。这次战斗缴到100多条枪，捉到很多俘虏。

1936年10月，皖浙赣红军独立团从泾县重返鄣公山，走在前面的侦察班化装成老百姓，一路上了解情况。走到溪口至汪村的路上碰到一个休宁县来的邮差，他告诉独立团的侦察员说，从休宁县向溪口来了一伙国民党军队，有二三百人。听到这个消息，父亲他们继续派人去侦察，部队则隐蔽在里广山附近山上休息。那时从溪口一路过来都有独立团的交通，消息很灵通，所以这个情况马上就摸到了。情况证实后，独立团就选择地方准备伏击敌人。

当时父亲他们研究决定，必须根据敌人的出动路线，选一个有山的地方，而且这山不能太高且须易守，两侧又好布置兵力的地方，最后选定了平鼻岭。根据地形，父亲决定，不打敌人的头，从中间剪断，打他的队尾，战斗部署就这样安排好了。

当敌人进入独立团的埋伏圈时，几下子就被解决了。这时独立团的武器好、弹药足，所以战斗便结束得很快，而仗也打得漂亮，没有牺牲一个人。只是父亲的腿被敌人打了一枪，所幸没有伤到骨头。捉到敌人一个连副，缴到七八十条枪，战斗取得了胜利。

随机应变，奇袭昌化城

独立团打了几个胜仗之后，队伍逐渐发展到 1100 多人。各地红军游击队也发展到了 3800 多人。当时部队士气很高，群众情绪热烈，党的工作发展也很快。在这种非常好的形势下，皖浙赣省委决定，要独立团行动得再远一点，转到昌化、宁国、宣城等地区发展游击战争。

攻打昌化，是父亲跟熊刚同志带一个营的部队去的。父亲与熊刚同志此次出发的目的，一开始并不是攻打昌化，而是到宁国那边去找上浙皖特委书记邵长河联系，以了解和掌握地方工作的发展情况。

在部队到了宁国西南乡的时候，打掉了一个区公所，缴到

第三章 游击战争显身手

了几份国民党的报纸。父亲在报纸上看到了西安事变的消息，得知蒋介石被抓起来了，感到十分兴奋。父亲把报纸拿给熊刚同志看，熊刚同志也十分高兴，两个人将消息分享给队伍里的每一位同志，以此来鼓舞士气。看到红军将士上上下下都情绪高昂，父亲跟熊刚团长临时决定，要打个大仗，以扩大红军在当地的影响，不仅能提升士气，还有利于发动当地群众的积极性。

起初，父亲和熊刚同志商量攻打宁国县。后来，经过侦察后了解到宁国县城有厚厚的城墙，还有大量国民党的正规部队驻扎，不容易攻打。宁国县暂时不能动，父亲便开始考虑周边其他县城。那时部队离昌化城已经不远了，于是父亲派了几个侦察员去昌化了解敌情。

侦察员化装成老百姓的模样，顺利地混进了昌化县城。几个人迅速分头开展侦察工作，三四天就回来了。侦察员告诉父亲，昌化县城没有城墙，目前只有一个保安中队守卫，相当于一个连的兵力，也没有多少先进的武器。因为红军的部队在这之前很少到昌化县一带活动，敌人也没有过多注意过，只在县城西头建了一个碉堡瞭望。

掌握了这个情况以后，父亲和熊刚同志连夜率领部队下山，来到了一个比较大的村庄，这个村子有五六十户人家，在建立鄣公山根据地之后，这个村子也逐渐红了起来，不但有秘密的党组织，还有一支游击队驻扎。这支游击队名字叫做宁昌游击队，隶属于上浙皖特委下面的宁昌中心县委，中心县委的书记正是余玉堂同志。父亲和熊刚同志带着部队在这个村子会合了宁昌游击队，当天晚上父亲与熊刚同志、余玉堂同志等人开会研究下一步的战斗部署，经过商议决定一起攻打昌化城，并营救城中被敌人关押的王道富等同志。

1936年12月20日晚,父亲和熊刚同志率领独立团第二营270余人,在宁昌游击队和工农会30余人的配合下,从宁国县西南边境翻越千顷塘来到昌化境内的桃花溪。昌化也是一个山区,这里的山路十分崎岖,夜色中行军十分困难,但红军战士还是坚持沿着崎岖的山路,经荞麦岭以最快的速度直奔昌化县城。红军官兵克服各种困难,快速行军100余里,于21日拂晓抵达后葛村。

为了掩敌耳目,父亲和熊刚同志安排部队在上大路之前用随身携带的老百姓服饰、国民党军服和帽徽进行了乔装打扮,前面的20多名侦察员打扮成农民的模样走在队伍的最前列,15名士兵携带武装穿着国民党军服走在侦察员的后面,而红军的主力部队跟在最后面,大概保持一里路的距离,按同一个速度前进。就这样兵分三截,间距地前进,向昌化县城急奔。

部队来到大路上的时候,天已经大亮了。还没等赶到昌化县城,部队就碰巧在路上遇到了一支正在进行武装训练的国民党安营乡自卫队。父亲和熊刚同志立即下令就地展开战斗,安营乡自卫队负隅顽抗,红军打死打伤了15名自卫队员后,迅速取得了战斗的胜利。因为这里距离昌化县城还有一段距离,城中的敌人并没有听到战斗的动静。

还没进昌化县城,红军又在途中抓获了安营乡乡长徐永庭,通过审问进一步了解了昌化县城里的各种情况。部队继续前进,经过乔装打扮的先头部队接近昌化县城西门的敌人碉堡时,虽然碉堡里有多名把守的国民党自卫队员,但是他们看到红军的侦察兵和穿着国民党军服的红军战士之后,以为他们只是进城的老百姓和自己人，完全没有任何戒备之心。二十几名侦察兵和十五名红军战士顺利地冲进碉堡，没有耗费一颗子弹就将守敌的十几个国民党自卫队员全部缴了械。

成功占领昌化县城西门的敌人碉堡以后，红军战士立即在碉堡出口处架起机枪，控制了碉堡和县城入口，等待和保护后续部队。父亲和熊刚同志率领独立团主力部队赶上后，立即将队伍分成两路，从两个方向迂回包围昌化县城。

一路红军从昌化县城西门冲进城中，向城中守敌猛烈攻击，径直奔向城隍庙攻打设在那里的国民党昌化县党部，活捉了国民党县党部执行委员章本范和马鹄乡乡长王导民。紧接着这路红军又顺街而下直冲进昌化县监狱，打开牢房释放了全部人犯，救出了被捕的党员干部王道富同志和十几名宁昌游击队战士以及多名红军家属，并点燃一把大火焚毁了昌化县监狱。

另一路红军战士则直奔昌化县南门攻击设在那里的国民党昌化县政府，毙伤了多名守敌，焚毁了县衙门。只可惜国民党县政府的县长出门办事，没有将他俘获。

昌化县城内的国民党守军完全没有任何防备，枪声一响起，红军部队在县城的街道上并没有打几下，敌人就吓得抱头鼠窜，纷纷往昌化城边的河边跑去。昌化城边有一条东西向的河，河上有一座桥，国民党守军想从桥上逃跑，红军紧追不舍，也来到了河边。慌乱的敌人有的从桥上跑过去，有的为了逃命等不及，便直接跳进水里想要涉水过河。

这时候正是 12 月份，冬天的河水异常冰冷，紧追不舍的红军战士，有的走木桥追击，更多的战士则不顾河水冰冷而跟着敌兵跳下河搏斗，在水里打倒了好几个。红军战士一直追赶敌人到河对岸，一下子把敌人全部解决掉了，成功占领了昌化县城。

国民党县党部执行委员章本范被抓住后,带到了红军战士们面前。这时有一个文书战士以前在上饶上过中学,读过一些书,看见章本范的袖子上戴着黑纱,以为是法西斯的标志,立即向父亲和熊刚同志报告,并说法西斯与日本军国主义是一伙的。

这时的红军还没有直接跟日本人打过仗,但是因为平时红军队伍经常有抗日宣传,大家的爱国主义情绪都很高昂。红军战士们听说后,纷纷强烈要求立即杀了章本范。父亲和几位干部研究了一下,为了鼓舞士气,最终在当天晚上于朱穴坞严家湾处决了章本范。后来部队撤出昌化县,在宁国县西乡休整时,才听说这是地方守孝的标志,父亲才知道是杀错了。

红军独立团打了一个漂亮的奇袭战。战斗结束后,红军在城中逗留了四五个小时,清理了战利品,开展了革命宣传。下午4点钟左右,打了胜仗的红军迎着夕阳兴高采烈地撤离了昌化县城。这次攻打昌化县城的战斗,由于皖浙赣独立团在事前对敌情作了周密的侦察,掌握了准确的情报,又有地方党组织和游击队的积极配合,采取了长途奔袭的战术,出其不意、攻其不备,进行得很顺利。

战斗从打壮丁队的前哨战开始,历时不过三四个小时,就一举攻下了昌化县城,共打死打伤敌兵39名,缴获步枪100多支、子弹8箱、机关枪3挺,俘虏了国民党县党部执行委员以下土豪劣绅及敌军70多人,另外还缴获了大批物资,而红军的伤亡很少。

12月25日,国民党昌化县召开党政军联席会议,向伪省政府报称"赤匪陷城"。红军奇袭昌化城给了国民党沉重的一击。国民党昌化县长余明长、公安科长李宏等人均因"渎职失职"而被押送杭州地方法院"检查询办"。这次战斗的胜利，对红军队伍和当地革命群众的鼓舞很大。

第四章
铁骨铮铮的"硬汉"

- 最残酷的"围剿"
- 狱中坚持斗争
- "七七事变"带来的转机
- 只身返回根据地

面对国民党新一轮更加残酷的"围剿",皖浙赣省委领导红军游击队和群众进行了坚决的斗争。父亲在国民党反动派的疯狂"围剿"下,身负重伤,不幸被俘。

国民党的监狱犹如地狱一般,父亲受尽了各种酷刑、遭受了各种残忍的人身迫害,仍然忠诚于党和人民,在狱中坚持斗争。被营救出狱后,父亲不顾个人安危,只身返回根据地寻找省委,将重要的情报带给红军。

最残酷的"围剿"

皖浙赣独立团奇袭昌化县城之后,父亲和熊刚同志率领部队回师鄣公山,沿途还打了不少仗。回到根据地时,已经是1937年的1月中旬了。关英同志那时候还不知道西安事变的消息,父亲他们赶紧将在国民党报纸上看到的关于西安事变情况向他汇报,并把带回来的报纸拿给他看。关英同志看过报纸之后也十分高兴,立即决定召开省委会研究当前的新形势。

皖浙赣省委会议对当时的形势作了详细的分析和研究,关英同志说:"根据我们党的一贯政策,西安事变导致第二次国共合作的可能性大,但也可能引起更加混乱的内战。"参加会议的同志们一致认为:在新的形势面前,必须与党中央取得联系,只有及时地得到党中央的指示,才能在新的形势下开展新的斗争,否则将会迷失方向,在政治上犯大错误。

皖浙赣省委通过研究决定:一方面设法立即与中央取得联系,另一方面继续开展广泛的游击战争,积极地广泛地宣传组织群众，发展党的组织。然而，在这次会议上，省委对形势发展的严重性估计不足，更没有估计到国民党会对皖浙赣边游击根据地来一个最后的疯狂"围剿"。

西安事变和平解决之后，背信弃义的蒋介石回到南京便立即调集了"十师之众"，加上浙江、安徽、江西三省的保安团，对皖浙赣边游击根据地进行了最残酷的"围剿"。国民党反动派还采取了层层封锁、移民并村、"三光"政策、"自首政策"、经济封锁等一系列的毒辣残酷的手段。皖浙赣边区的党、军、民由此开始了与国民党反动派展开的最艰苦、最顽强的斗争。

敌人在"清剿"中，采取军事"围剿"与政治"围剿"并施的方针，军事上采取分区"围攻""追击""堵击""搜剿"等方法，并以步步为营，到处修筑碉堡工事，反复"清剿"等战术，企图以优势兵力，将红军压缩于"长江右岸以南，鄱阳湖以东地区聚而歼之"。同时在敌人占领的地区普遍组织"人民自卫"，编训壮丁队，组织"铲共队""清剿队""义勇队"，设立"侦察网"、递步哨等反动组织，除了对整个皖浙赣边设立了大的封锁线以外，在各个根据地之间设立了小范围的封锁网，并将一块根据地划分为数小块"清剿"区，到处建筑碉堡，配备正规军队及地方武装壮丁队、"义勇队"实行封锁。

除了封锁以外，敌人还采取了更毒辣的办法——"移民并村"，恢复保甲制度，实行"五家联保"。一时间，国民党的军队在山区见房就烧，见人就抓，群众稍有反抗即遭枪杀。在拆光烧光山上所有的棚户之后，敌人又将分散的小村庄里的群众强行并入大村庄，村寨周围用木头做成围墙，并在仅有的出入口设关卡看管，禁止群众带任何东西出村。凡是和红军有联系、给红军通风报信、为红军当向导、给红军送粮、为红军办事的，一律格杀勿论，以此来割断红军与根据地人民的联系，妄图把红军饿死、冻死、困死在山上。

敌人的疯狂"围剿"对皖浙赣省委和皖浙赣边各游击根据地造成了极大的破坏。皖浙赣省委决定，立即设法寻找党中央，同时继续开展广泛的游击战争，发展党的组织。

1937年1月下旬，父亲领导的红军独立团在石屋坑附近与国民党四十六旅打了一仗，缴获了一批枪支，为部队补充了装备。从报纸上看，党中央在陕北，离皖浙赣边区太远，只有到浙西南游击根据地去找粟裕、刘英。关英在闽浙赣省委时，知道粟、刘有电台，可能与中央有联系，就决定派父亲和熊刚同志各带一个连，分两路去找粟裕的部队联系。

为了找党中央的关系，父亲和熊刚带的部队自1937年2月初分别从鄣公山出发，向浙南行动，离开了战斗近两年的皖浙赣游击根据地的中心——鄣公山。父亲和熊刚分两路出发，原计划到开化县白马镇东千里岗会合后继续前进。岂料熊刚同志带领的部队在途中受阻折回，也没能及时将消息通报给父亲。当父亲率部到达白马镇附近时，由于情况不明，孤军深入，遭遇了敌兵的层层包围。

父亲率部顽强抵抗了几天，前进到衢县北乡又打了几次恶战，因敌情不明、路线不熟，没能跳出敌之包围。在敌众我寡的情况下，全连基本损失殆尽，只剩下警卫员、侦察班长和父亲3个人。

当时父亲身上几处都受了伤，打入手部的一颗子弹还没有来得及取出，但他认为3个人目标小，还可以继续前进去找粟裕、刘英同志。1937年3月3日晚上，父亲一行三人艰难来到衢县姜孟坑，因为连日来没有吃任何东西，父亲冒险到一个纸厂里去买饭，不料被敌人发现，搏斗中凶残的敌人在他头上、身上砍了十几刀，父亲因脑脊液外流昏迷而被俘。

狱中坚持斗争

敌人将身负重伤、昏迷不醒的父亲抬到杜泽镇。已叛变投敌的副连长吴东喜当即指着满身是血躺在地上的父亲说："没错，就是他！"敌人意识到父亲是一个重要人物，不能就这么死了，便找来随行的军医为父亲疗伤。

1937年3月5日，还处于昏迷中的父亲被敌人用担架运送到浙江省六县边区"剿共"指挥部的衢县监狱里。经过军医的治疗，父亲总算在几天后醒过来了，但是因为伤势过重，还是不能动弹，也不能开口说话。

每天军医都会来给躺在牢房里的干草上的父亲换药，剧烈的疼痛有时会让父亲下意识地发出呻吟声。与父亲一起被关在这个监狱里的还有淳安县委组织部长兼区委书记吴金标同志认识父亲，看到他身负重伤的样子十分心疼。但为了掩饰身份，避免引起敌人的注意，吴金标同志只能默默地主动照顾父亲的饮食起居，像陌生人一样发出叹息。

一个月之后，父亲的伤势有所好转，意识恢复正常，也能开口说话了。敌人便将父亲从多人牢房里带出来，关进了一个单独的牢房。不过，牢房像笼子一样，只有栅栏相隔，吴金标同志还能看见父亲。

父亲被关进单独牢房的第二天，几个国民党士兵便用绳子将他的双手反绑，连推带拽地把他带到了审讯室。吴金标同志知道这是要审讯父亲，他一方面担心父亲经受不住严刑拷打出卖党组织，另一方面又担心父亲铁骨铮铮遭到敌人更大的迫害，内心十分矛盾、焦急，却又不能表现出来。

父亲被带到审讯室，敌人的审讯官看了他几眼，让士兵给他搬了一把椅子坐下，然后问道："你叫什么名字？"

父亲早有准备，答道："王有和。"

其实，父亲的本名叫刘有和，后来自己改名叫刘毓标，现在他将"刘有和"这个名字小小地改动了一下，便成了"王有和"。

审讯官脸上的肌肉抽动了一下，拍着桌子叫道："刘毓标！你最好老实一点，我们愿意给你治伤，自然知道你是谁，最好不要隐瞒情况！"

父亲见状并没有惊慌，而是"委屈"地喊道："长官，冤枉啊！我就叫王有和，徽州人，那天我在老家屯溪卖油条的时候红军过来了，看上了我炸油条用的大铁锅，要拿走。我想着没了大铁锅就做不成生意了，又想着家里也没什么记挂，干脆就跟着队伍一起走了。我小时候读过两年私塾，认得几个字，也会记账，红军后来就让我当了文书。"

审讯官听了父亲的这番话之后也开始怀疑之前对父亲身份的判断，但又不能确定，只好先让士兵将父亲押送回牢房。

几天之后，国民党士兵又将父亲捆绑之后带去了审讯室。一进门，父亲发现除了上次的审讯官以外，审讯桌后面还坐着两个人。看到这两个人，父亲心中一惊，随后一股愤怒之情油然而生！原来，这两个人不是别人，正是在一个多月前还跟自己与敌人打拼的原独立团副连长吴东喜和警卫员王生香。

虽然十分吃惊，父亲还是克制住了愤怒的情绪，脸上仍然保持十分平静的表情。有吴东喜和王生香这两个叛徒的指认，父亲不得不承认作为独立团政委的身份，不过，警觉的他并没有将真实身份以外的其他信息透露给敌人。

审讯官当然不满足，他用咄咄逼人的语气大声讯问关于独立团的具体信息——独立团的编制、全团的人数、直接的上级领导姓名以及地方党组织所在。

父亲灵机一动，谎称在被捕时头部被打坏了，失去了这些记忆。审讯官根本不买账，大声喝到："刘毓标，少给我装糊涂，提审你就是在给你机会，不要敬酒不吃吃罚酒！"

父亲继续打马虎眼说："我的伤势你们都清楚，我是真的记不起这些。要不这样，给我几天时间，我努力想想。"

父亲用这种方式拖延时间，审讯官却以为父亲只是需要考虑的时间，于是和颜悦色地说："刘先生是聪明人，只要你愿意与党国合作，我们绝对不会亏待你，你好好考虑考虑吧。"

父亲根本没把敌人的威逼利诱放在心上，他关心的是如何在国民党的监狱中坚持斗争，无论如何也不能让敌人从他的嘴里得到对党组织不利的信息。隔了一天之后，父亲再一次被捆绑着带到了审讯室。还是那个审讯官，还是那几个问题——独立团的编制、全团人数、上级领导和地方党组织的信息。

父亲镇定地说："才两天的时间我怎么能想得起来？是你们的人把我打成这样的，我是真的不记得这些了，还能怎么办？"

审讯官冷笑了几声，拍了拍手，一个人从审讯室的门口径直走了进来。

父亲抬头一看，进来的人竟然是原下浙皖特委的书记何英，他穿了一身国民党的军服，早已经背叛了党组织。只见何英皮笑肉不笑地说道："刘政委真是贵人多忘事啊。这才多长时间啊，您带着独立团打游击战的事情就全忘干净了吗？总不会连我这个老朋友也忘了吧？"

父亲狠狠地瞪了何英一眼，冷笑着说："我当是谁呢，原来是你这个背信弃义的叛徒！背叛组织、出卖同志，像条狗一样给国民党摇尾巴，难道这就是你想要的前途？你不会有好下场的！"

何英听到这话，气急败坏地一把抓住父亲的衣领，瞪着眼睛说："刘毓标，我这可是为你着想，不要狗咬吕洞宾、不识好人心！"

"呸！"父亲在何英的脸上啐了一口说，"谁是狗、谁是人，你自己心里清楚！叛徒！"

审讯官上前将何英拉住劝离了审讯室，转身对父亲说："刘毓标，我再给你最后一次机会，识趣的就把你知道的原原本本说出来，不要吃了苦头变得不成人形的时候再后悔！"

父亲抬起头，正气凛然地说："少废话，要杀要剐悉听尊便！"

审讯官脸上的横肉跳动了一下，大声喝道："用刑！"

父亲的两只手被分开拷在房顶吊着的铁手铐里，脚上也上了重重的镣铐，一个国民党士兵拿起一条满是血垢的粗长皮鞭，在审讯官的命令下开始抽打父亲的前胸后背。那种皮鞭的威力十分巨大，一鞭子下去父亲身上单薄的衣服便被撕了个大口子。几鞭子下来，父亲已经是皮开肉绽，鲜血顺着撕破的衣服一点点从裤子上淌到地上。

任凭如何拷打，父亲都咬着牙不肯屈服，挨了几十鞭子之后便昏死过去。审讯官命令士兵解开手铐，将晕倒的父亲抬到了一把凳子上，再用绳子将父亲的上半身与椅背捆绑在一起，然后把一桶冷水从父亲的头上浇了下去。

受到刺激的父亲在剧痛中醒了过来，审讯官恶狠狠地说道："不怕鞭子是吗？那就来点更刺激的！老虎凳听说过吧？要是不想变成残废，就赶紧把你知道的都说出来！"

人们可能会在电视画面中见到过"老虎凳"这种刑具。在中国古代流传下来的审讯酷刑中，反关节的刑罚算得上十分惨绝人寰的类型了。而在反关节的酷刑中，"老虎凳"可以说是最残酷的一种了。

膝关节是人体四肢各大关节中活动范围最小的关节，而膝关节两端的大、小腿又比较长，施刑者便利用杠杆原理，只花很小的力气就能使受刑者遭受最大的折磨。被施以"老虎凳"这一酷刑的人坐着、双腿伸直被绑在有靠背的长板凳上，施刑者则在其脚跟处垫砖，一般情况下，垫到三块砖便会使受刑者膝关节脱臼。而且，施刑者往往为了增加受刑者的痛苦而慢慢地做垫砖的动作，这是为了让受刑者尽可能长时间地承受膝关节被压迫的痛苦，若是手法快些、猛些就有可能造成受刑者腿骨折断。敌人准备对父亲施以"老虎凳"这种残忍的酷刑，无非是希望父亲能在畏惧中叛党投敌。不过，他们的这种"愿望"永远都不可能实现。

审讯官见父亲不做声，再次恼羞成怒，大喝一声："用刑！"

几个士兵便开始往父亲的脚跟下垫砖，垫到第三块的时候只听"咔"的一声，父亲的小腿应声折断，剧烈的疼痛导致父亲再次昏死过去。等父亲醒来的时候，他已经躺在牢房的干草堆上了。敌人派接骨郎中来给父亲处理骨折的小腿，防止在审问出结果之前父亲会因为伤口感染而失了性命。

父亲原本住在单人牢房里，现在又被送回了原来的牢房，敌人这样做为的是让父亲能得到其他犯人的照顾，避免他因为生活不能自理被渴死、饿死。吴金标同志看到浑身是血、躺在干草堆上动弹不得的父亲，不由得流下了泪水。接下来的日子，父亲的生活都是在狱友们的轮番帮助下度过的。

皮肉和骨头上的伤导致父亲连日高烧、水米不进。幸好那个接骨郎中技艺高超，父亲的小腿总算是保住了。半个月之后，刚退烧没几日的父亲又被捆绑着带到了审讯室，面对敌人各种残暴手段的折磨，父亲始终坚持信念，用"不知道"这3个字回答敌人的所有问题。

审讯官还在用刑的时候告诉父亲："余金德你认识吧？他就是因为不识时务、冥顽不化，已经上了黄泉路，刘政委，你是不是也想去陪他？"

敌人是想借此恐吓父亲，但父亲听到这个消息却没有任何恐惧，而是感到万分悲痛——党组织又失去了一位铁骨铮铮的好同志！余金德的死让父亲更加坚定了信念，任凭敌人用尽各种酷刑也不为所动。

就这样，在接下来的两个月里，父亲受尽了敌人的摧残，腿骨断了几次，都是同一个郎中为他接骨。郎中来为父亲治伤的时候每每摇头叹气，他不知道到底是怎样一种精神的力量，支撑着这个男人忍受着常人无法忍受的痛苦。但父亲知道，这种力量叫做——信仰！

"七七事变"带来的转机

虽然身体上备受国民党反动派的残酷折磨，父亲的心却永远向着党。那是怎样一种坚定的信念，才能够支撑他活过地狱般的两个多月啊！

1937年6月里的一天，一个身材高大的人被几个国民党士兵推搡着送进了父亲所在牢房。虽然这个时候父亲的腿骨基本上长好了，但是隔三差五的酷刑弄得他遍体鳞伤，绝大多数时间都只能躺在干草堆上养伤。

士兵一走远，这个人扫视了一下牢房里的几个人，然后径直来到干草堆旁，凑到父亲跟前，压低身体关切地说道："同志，你受苦了！"父亲看着这个人一身的正气，眉宇间透露出一丝坚定，看上去不像是坏人。但是，父亲并不认识他，并且警觉地想到或许这是敌人安排的"奸细"，于是只看了他一眼，并没有搭话。

到了夜里，远远地听到值班的国民党士兵已经打起了呼噜，那个刚进来的高大犯人轻轻地将同一个牢房里的犯人拍醒，轻声说道："同志们辛苦了！我告诉大家一个消息：现在日本帝国主义正在加紧侵略中国，华北已经难保了，中日之战一触即发。中国共产党以民族大义为重，倡议国共合作，摒弃前嫌，共同抗日，西安事变后中国共产党加紧与国民党谈判，推动国民党抗日。我叫陈铁君，是中共浙江省委刘英同志、粟裕同志派来同国民党四省'剿共'指挥部刘建绪谈判的代表。

但是这个刘建绪坚持反共立场,不顾民族立场,竟然把我扣押。同志们,我们一定要坚持党的信念,我们的事业一定会胜利!"

原来,这个人就是父亲一直在苦苦寻找的红军挺进师的参谋长陈铁君同志。他原本是接受党组织的派遣去与国民党谈判的,在谈判失败后,作战中受伤被捕入狱。父亲得知陈铁君的身份之后十分兴奋,想不到竟然在这样的情况下与皖浙赣省委苦苦寻找的人相见了!不过,父亲的警惕性很高,在没有核实身份的情况下,他必须保持冷静,不能轻易透露任何关于党组织的信息。虽然还没有取得狱友们的信任,但是,陈铁君同志知道到目前为止关在这个牢房里的犯人都是国民党的敌人,他鼓励、号召大家坚持下去,黎明就在眼前。

7月中旬的一天,父亲突然在牢房里感受到了一丝异样的气氛,国民党士兵进进出出,显得有些忙乱。很快,一个很有派头的国民党军官模样的人来到了牢房,毕恭毕敬地对陈铁君同志说道:"陈先生,我们的长官刘先生请您前去一叙。"这个刘先生正是国民党的上将刘建绪。

陈铁君同志稍稍整理了一下衣服,正气凛然地跟着那个国民党军官出去了。父亲隐约感到有一点不对劲,每次他被提审的时候都是由普通士兵捆绑着去的,今天这个架势肯定是有什么特殊原因的。狱友们忐忑不安地从上午等到了下午,终于看见陈铁君同志在几个士兵的簇拥下回到了牢房,士兵怀里抱着国民党军需的被褥、餐具等东西,在牢房中安置了一下,又客气地请陈铁君同志好好休息,然后才退了出去。这让父亲感觉更加蹊跷:难道陈铁君同志叛变了?

等国民党士兵走远了,陈铁君同志面对着满脸怀疑神情的狱友们高声说道："同志们，前些日子，7月7日，日本帝国主义炮轰我华北卢沟桥、炮轰宛平城，侵占了北平、天津，中日战争全面爆发了。抗战已经成为救国的唯一方向。今天，刘建绪请我去，告诉我国共合作、共同抗战的谈判正在紧锣密鼓地进行。我党领导南方游击队也正在加紧与国民党当局谈判，共商南方游击队改编的事情。国民党迫于形势，也不得不接受我党的抗日主张。现在，中共中央代表陈毅、项英在南昌与熊式辉开展谈判。刘建绪请求我回去推动南方游击队的改编事宜。"

到了这个时候，父亲才终于确认了陈铁君同志的身份，一下子激动起来，拖着满身伤痕上前握住陈铁君同志的手说："铁君同志，我是皖浙赣省委独立团政委刘毓标，向你报到！"随后父亲向陈铁君同志详细地介绍了皖浙赣省委、红军独立团坚持斗争的情况，以及独立团到浙南寻找刘英、粟裕，部队被打散，自己被捕入狱的经过，并请求陈铁君同敌人谈判时，将皖浙赣根据地的问题也一并列入。接着，吴金标等地方党组织的干部也纷纷上来相认。

陈铁君同志含泪看着饱受摧残的狱友们说："同志们，在今天与刘建绪的谈判中，我提出，要我去做改编游击队的工作可以，但是首先要把目前关押在监狱里的红军游击队官兵予以释放。否则，改编诚意从何而来？同志们，你们受累了。你们都是党的好儿女。坚持就是胜利，我一定要争取让大家早日出狱，再创人民事业的辉煌。"

随后，陈铁君同志在与国民党的交涉中要求将皖浙赣根据地的红军游击队改编问题一起谈判解决，却遭到了拒绝。他们认为红军独立团已经不存在了，以找不到领导人为由，拒绝谈皖浙赣根据地的问题。陈铁君同志严正地指出独立团政委（我父亲）就在狱中，并就此与敌人展开多次交涉，要求释放全部"政治犯"。为了保全自身，国民党当局不得不释放了部分"政治犯"，父亲也在这个时候被营救出狱，恢复了自由之身。

只身返回根据地

在陈铁君同志坚持不懈的努力下，国民党监狱中的大部分"政治犯"最终获得了自由，其中也包括父亲和吴金标。父亲虽然大难不死，但是被捕时头部受的伤和遭受严刑拷打时腿部的反复骨折都没有完全康复，拖着一副病躯，父亲坚持同陈铁君同志一起与国民党"闽浙皖赣边绥靖公署"的一个处长谈判了数次。

在此期间，父亲与陈铁君同志住在衢县"剿匪"司令部党政处公馆，大概一个星期的时间里两人吃住均在一起。陈铁君同志向父亲详细介绍了中央关于国共和谈的精神和与国民党谈判的情况，并告诉父亲项英、陈毅同志等已经在南昌月宫饭店开设了办事处等重要消息。

刘建绪希望陈铁君同志和父亲能在"国共合作"上起到积极的作用，催促二人分头去寻找党组织。离开衢州之前，为了方便二人迅速找到党组织，国民党当局承诺为父亲和陈铁君同志发放护照、衣服和路费。到了7月末的时候，父亲拿到了国民党当局给的一张通行证和100元路费。启程之前，父亲又向刘建绪提出应该代表国民党方面写一个表达"国共合作"

第四章 铁骨铮铮的"硬汉"

诚意的信件，以表明国民党方面的态度。刘建绪随后接受了父亲的意见，迅速亲笔修书一封交给了父亲。7月25日，父亲和陈铁君同志在浙江衢县东站分手，带上信件和盘缠，各自出发寻找党组织去了。

由于在监狱中受尽了酷刑，加上长期的营养不良，带着一身伤病的父亲蹒跚上路，马不停蹄地寻找党组织，希望尽快将党中央关于国共合作抗日的精神、南昌办事处的地址和项英、陈毅同志在南昌月宫饭店这些重要情况告知党组织。

父亲先来到婺源，想要上鄣公山看看那里的游击根据地和党组织还在不在。上了鄣公山后，父亲才发现，他曾经打拼了无数个日日夜夜的根据地已经物是人非，完全变了模样。经过几天的寻找和打听，父亲在鄣公山兜了几圈，不但没有找到党组织，甚至连一个游击队员也没有发现。在与当地老百姓打听情况时，父亲听闻祁门一带有红军游击队活动，便离开鄣公山迅速赶往祁门。父亲在祁门待了几天，遍寻当地的百姓，却还是没有找到党组织。后来，父亲又听说浮梁长岭到外瑶一带有游击队活动，于是又赶到了瑶里。父亲在瑶里还是没有找到红军，却见到了一个国民党军官——张甫成。

当时国民党在瑶里驻扎了一支由张甫成带领的别动大队，父亲拿着刘建绪开具的手令见到了他。张甫成当时正在为与皖赣特委红军游击队的谈判进展无门而感到苦恼，得知父亲正在为促成"国共和谈"而四处奔走寻找党组织时，张甫成十分高兴，吩咐手下的士兵准备饭菜款待父亲。父亲在张甫成处休息了一晚，得知舍会山一带有红军的游击队活动，第二天一大早便出发前往舍会山，寻找王丰庆、李步新和江天辉同志等人。

父亲到了舍会山之后，在周围转了很多天，并没有打听到关于党组织和游击队的具体消息，考虑到这样盲目找下去并不是很妥当，便找了个地方休息了一阵子。在休息的时候，父亲想到这么长时间都没有找到党组织，很可能是自己的身份受到了怀疑，不过，因为刚刚"出狱"，党组织即使有这样的误解也十分正常。

此时，父亲突然想到了一个能与红军取得联系的好办法。因为一直在搞游击战争，父亲对游击队行进的路线十分熟悉，如果在红军可能经过的地方放上联络信号，就有可能跟党组织取得联系。父亲先是找来一些纸张，写了很多内容简短的纸条，又将这些纸条逐一用绳子绑在瓦片的反面或是放在竹筒里，并在瓦片、竹筒中间打上孔，用绳子穿过去绑好，吊在游击队可能经过的路旁的树枝上。

这些"联络信号"被父亲悬挂在离地面大概与人齐眉高的树枝上，为的是容易被人注意和发现；而将纸条绑在瓦片的反面或竹筒里，都可以最大限度地保证这些"信号"不被雨水淋到而损坏。父亲将这种"信号"在山上挂了许多，然后暂时回到瑶里的国民党别动大队住下，等待红军的消息。这时候，父亲离开衢县已经过去了一个多月的时间。

一天，红军侦察排长邹志诚同志看见路边一棵松树上悬挂着一个瓦片，顿觉事出蹊跷，走进一看发现瓦片的反面绑着一张纸条。邹志诚同志将纸条拿出来，看到了父亲简短的留言，立即把这一情况向皖赣特委书记王丰庆作了汇报，并将纸条交给了领导。

王丰庆同志打开纸条，看到上面写着"急于与部队取得联系，党组织无论如何见一面，这样死也瞑目，刘毓标"的字样，连忙找来李步新、江天辉等干部与大家商议。此时距离七七事变已经过去了将近两个月的时间，皖赣特委已经得知了国共合作的消息，但是由于刚刚经历了原特委书记何英等叛徒诱降而造成巨大损失的事件，党组织的警惕性很高。

王丰庆、李步新、江天辉同志等与多名干部一起研究是否与父亲接头。有的同志认为父亲只是恢复自由之身之后本能地寻找党组织，也有几位同志怀疑父亲会不会已经做了叛徒，是受国民党之命来消灭红军的。经过激烈的讨论，王丰庆、李步新、江天辉同志反复分析后认为，现在各方面情况都显示国共合作正在进行，父亲应该没有撒谎，有必要见上一面。

为了安全起见，皖赣特委先是暗中观察了父亲一段时间，随后王丰庆同志写了一封回信，让瑶里的地下共产党员在夜里悄悄将信扔进了国民党别动队的营房里。父亲收到党组织的信后，异常激动。出于谨慎的考虑，王丰庆同志在信里给父亲规定了穿着打扮和上山的路线、日期，约他到皖赣交界处的安徽省祁门县舍会山见面，不准带人，须穿白衣、打黑伞，无论天晴下雨都必须把伞打开，按规定时间地点，与特委派去的人员接头。

又等了几天之后，到了王丰庆同志在信中指定的时间，父亲便按照信中的要求，穿着规定的白衣，拿着一把黑色的油纸伞，独自离开瑶里，上了舍会山。与此同时，邹志诚同志奉命带着侦察队员埋伏在山上，远远地观察着父亲的一举一动，许久之后，没有发现什么异常的情况，邹志诚同志才按约定与父亲接上了头。

见到战友的一瞬间，激动万分的父亲禁不住热泪盈眶，紧紧握住邹志诚同志的双手。邹志诚虽然也感慨万分，但是想到了特委的吩咐，又说道："刘政委，对不起，按命令要蒙上你的眼睛才能带你走。"父亲说："我明白，应该的，蒙上吧。"邹志诚同志用一块黑布蒙住父亲的眼睛，牵着他的手先到冲里，又绕着弯来到了麦树坞驻地。

 黑布被取了下来，父亲终于见到了皖赣特委的领导们。王丰庆、李步新和江天辉同志等人与父亲谈了很久。父亲向他们介绍了离开根据地之后部队所受的损失、被捕和出狱的全部经过，然后又对国共合作的前景和当前的形势做了分析。父亲说："粟裕、刘英派来的谈判代表陈铁君同志告诉我，我们南方八省的游击队要改编，中共中央代表陈毅等同志在南昌，在那里设立了办事处。你们是不是派人去看一看，有没有这么一回事？"

 见几位领导犹豫不决，并没有马上回答自己的问题，父亲明白这是在怀疑他的身份和立场，便坦然说道："你们不相信我也没有关系，就是杀了我也不要紧，我死也要死在自己的队伍里。但是，你们不能违背中央的政策，做出不符合政策的事。"王丰庆同志等人经过一番商量后，认为父亲说的这番话可信度极高，但还有待证实，在未经证实之前，还是要先将父亲看管起来，毕竟他刚从监狱里出来。

 即便如此，父亲并没有任何的抱怨，对他来说，没有什么比见到朝思暮想的战友们更能让他感到踏实和幸福的事情了。虽然被领导、被战友怀疑，但是，父亲心里十分清楚自己的立场和信念，只要能为党组织作出贡献，再大的误解也不会扰乱他那一颗爱党爱国的心。

 从历史的角度来说，父亲出狱后冒着巨大风险只身返回根据地寻找党组织的意义是十分重大的，他为当时消息闭塞、孤军奋战在皖浙赣边区的红军游击队打开了通道，使得与党中央中断联系长达 3 年之久的皖浙赣游击根据地重新回到了党中央的怀抱。

第四章 铁骨铮铮的"硬汉"

第五章
在新四军中战斗

- 八年抗战的开始
- 皖浙赣边区红军出山
- 陈毅将军的关怀
- 积极投身机关学校工作

面对日军对华的全面侵略，国共双方终于通过谈判达成了一致——为了民族独立建立共同抗日的统一战线。新四军就在这样的背景下诞生了。新四军在八年抗战中不断积累抗战经验，逐渐成长壮大，主力部队发展到21万余人，地方武装97000余名，民兵近百万人。全军对日伪作战共24600次，毙伤日伪军293700名，俘虏日伪军124200名，另有54000名日伪军投诚、反正。为抗日战争和世界反法西斯战争创立了卓越的功勋。父亲在红军下山改编新四军的过程中做了很多的努力，即便是在出狱后遭到了组织上的怀疑和不信任，他的心依然紧贴着党的事业，从来没有改变。

八年抗战的开始

七七事变是日本侵华战争的全面开始，也标志着全民族抗日战争的开始。

为了尽快在南方实现国共两党合作抗日，1937年8月1日，中共中央发表了《关于南方游击区域工作的指示》，提出在保存革命武装、保证党的绝对领导的原则下，红军游击队可以与国民党地方当局谈判共同抗日的相关事宜。

随后，项英同志和陈毅同志共同主持召开粤赣边区干部大会，统一由"反蒋"转变为"联蒋"、由内战转变为抗日的思想方针，使赣粤边特委与党中央的新政策保持了一致。他们还派人到其他游击队活动区域将这个思想做了具体的传达。项英同志又修书一封给国民党江西省政府及进攻粤赣边区的国民党军，提出进行共同抗日的谈判。

1937年8月13日，中国军队抗击侵华日军进攻上海的战役"淞沪会战"开始。

蒋介石的军队遭受了巨大的损失，深感压力巨大的蒋介石开始重新考虑国共合作共同抗日的相关事宜。国民党先是发表了自卫宣言，表示要誓死抵抗暴力；后又公布了"国共合作宣言"，打开了国共第二次合作的大门，抗日民族统一战线正式形成。

根据国共两党谈判达成的协议，1937年8月22日，国民政府军事委员会正式公布了将红军改编为国民革命军第八路军的命令。中共中央随即任命朱德、彭德怀为正、副总指挥。但南方红军游击队的改编问题仍然尚待解决。

1937年7月至10月，项英、陈毅同志根据《中共中央为公布国共合作宣言》和《告全党同志书》等中央文件，通过与国民党代表谈判，解决了国民党军从红军游击区撤退、国民党江西省政府释放政治犯、红军游击队改编为抗日义勇军等问题。直接或间接地指导了南方其他游击区域的谈判以及县、区一级的谈判。9月底，项英同志写信给浙南游击区负责人刘英，向他传达了党中央的最新指示，要求他带着部队向江西境内适当地点集中。在南昌时，项英同志还会见了闽北游击区代表曾昭铭，并把党中央的决定和他在南昌与国民党政府谈判的情况告诉了曾昭铭。又委派陈毅同志代表党中央分局到湘赣边和皖浙赣边的游击区，分别向那里的红军传达了党中央关于国共合作的指示，并组织红军游击队下山改编。

1937年10月12日，由南方八省红军游击队改编而成的新四军成立。

1937年10月底，圆满完成谈判任务的项英同志取道南京飞赴延安向党中央汇报，中央政治局在听取项英同志关于南方游击队工作情况汇报后作出专门决议，给予了项英同志高度评价，并指示他返回南方负责组建新四军。

皖浙赣边区红军出山

在各地党组织积极与国民党地方当局联络、谈判之时，刚刚回归皖赣特委的父亲还没有取得党组织的信任。王丰庆同志见父亲说的每句话都十分诚恳，带来的消息也被证实是没有问题的，但是又不能立刻完全信任他，便叫邹志诚带父亲去休息，并派人暗中监视。

与此同时，父亲捆绑在瓦片反面和竹筒中的纸条被当地一些群众发现，并转交给了正在婺源、休宁一带活动的婺源县委书记吴镇青和休婺中心区委书记倪南山等人，他们先后找到皖赣特委就这件事情进行请示。

为了统一思想，1937年10月底，皖赣特委在宋家山召开了会议。会上，大家分析了当前的形势和父亲带来的信息，一致认为在日军大举侵华之后，目前国内的形势发生了急转，虽然还没有得到党中央直接的指示，但是国共合作共同抗日的大方向应该是没问题的，因此决定一面派人与国民党地方当局谈判，一面积极联络各地游击队和上级党组织。会议结束后，皖赣特委分别向婺源、祁门、浮梁等县国民党地方当局发出信函，表示同意就共同抗日的问题进行谈判。

第五章 在新四军中战斗

国民党闽浙赣皖边区绥靖主任公署代表中校参议兼驻浮梁县瑶里别动大队大队长张甫成收到皖赣特委的谈判信函之后，立即动身前往舍会山与皖赣红军派出的代表江天辉同志会面，并约定了谈判的一些内容和细节。11月初，江天辉同志代表皖赣特委与张甫成在浮梁县瑶里举行第一次国共合作共同抗日的谈判。

在这次谈判中，江天辉同志代表皖赣特委严正地提出了几个谈判条件：第一，关于国共合作的条件，应根据党中央的统一规定，要求国民党一方准许红军通行无阻，同时派人联络各地红军游击队人员；第二，停止向红军的游击队和党组织的一切进攻，将根据地周围的国民党驻军完全撤走，同时解除移民并村的封锁线，恢复群众生产自由，并释放一切政治犯。皖赣特委还要求国民党方面负责红军游击队的一切给养。

经过连续几天的谈判，皖赣特委与国民党地方当局于11月上旬初步达成协议，国民党方面基本上接受了红军游击队提出的几个条件。谈判成功以后，皖赣特委立即派李步新、江天辉同志赶赴南昌，向项英同志和陈毅同志汇报，寻求上级的指示。

前往南昌途中，国民党方面的代表张甫成一直陪同。三人从瑶里出发，经婺源到浙江衢县，再乘火车到南昌。在经过婺源县城时，李步新、江天辉同志在张甫成的帮助下，与国民党婺源县政府进行了一次交涉，解救了一批在押的"政治犯"。但是，当地的国民党当局明显诚意不足，驻婺源的国民党军团长提出，要李步新同志和江天辉同志写信调红军游击队下山"收编"。有多年斗争经验的二人并没有上当，当即予以严词驳斥。

经过多日的长途跋涉，李步新同志和江天辉同志终于赶到了位于南昌的"南方红军游击队总接洽处"。不巧的是，二人到达的时候，项英同志与陈毅同志刚好出发前往湘赣边联系红军游击队去了。两位同志只好暂时在南昌住了下来，等待项英同志和陈毅同志归来。

心怀鬼胎的国民党驻江西省保安司令闻讯找到李步新、江天辉，欺骗他们说："二位辛苦了，贵党为求两党精诚团结，共赴国难，已正式宣布取消过去路线，停止游击，一切游击队改为抗日的武装，统辖于政府指挥之下。日前，贵军赣粤边游击队，闽赣边游击队都已下山，陈毅将军行前留言，请贵部游击队开到景德镇集中，二位务必写信回去，命部队下山，久居山林太辛苦了。"

李步新同志当即说："我们一贯主张抗日，此次来南昌正是寻求接受我党中央关于抗日救国的指示，但是我们不亲自见到项英、陈毅同志，我们不回皖浙赣去，任何人也不能调动我们的游击队。"

省保安司令见无机可乘，便悻悻地走了。

李步新同志和江天辉同志在南昌等了几日，终于见到了从外地风尘仆仆回来的陈毅同志。陈毅同志回到南昌的第一时间便与李步新同志和江天辉同志进行了亲切的交谈，听取了关于皖浙赣边区革命斗争的情况汇报，并高度评价了皖浙赣边区党组织和红军游击队坚持艰苦斗争的精神和警惕性。陈毅同志介绍了闽南游击队谈判过程中被骗缴械的教训，提醒皖赣特委在谈判中保持高度警惕，在提出条件时必须坚持原则，不能盲目退让。接着，陈毅同志传达了党中央关于停止内战、一致抗日的指示精神，解释了国共合作和游击队改编为新四军等有关问题，并要求二人回去后将精神传达给皖赣特委，继续抓紧派人联络各地分散坚持斗争的游击队到舍会山集中整顿，准备迎接新的战斗任务。

李步新同志和江天辉同志离开南昌后，考虑到皖浙赣边区军民长期与党中央和上级组织失去联系，长期处在敌人严密封锁的残酷"围剿"中，对全国形势缺乏了解，同时对国民党积恨又太深，陈毅同志担心皖赣特委一时间不能在思想上转过弯来，便决定亲自到皖浙赣边区走一趟，一方面宣传党的方针政策，另一方面看望、慰问多年来一直坚持斗争的皖浙赣边区军民。

1937年12月初，陈毅同志经过景德镇、瑶里来到了皖赣特委所在的舍会山。一到舍会山，陈毅同志便组织皖赣特委所有的干部召开了会议，传达了中共中央关于国共合作共同抗日的指示，并对皖赣特委在谈判中坚持原则立场、保持高度警惕、保存了红军武装力量的做法，给予了充分的肯定和赞扬。

当时的红军队伍中，有很多人对国共合作持怀疑态度，担心下山整编是国民党为了"清剿"在耍阴谋；还有人不认同党中央对国共合作的态度，无法理解为什么要与在多年的"清剿"中杀害了那么多革命烈士的国民党谈合作。

了解到这些情况，陈毅同志特意在红军游击队改编动员大会上作了《目前形势与任务》的报告，介绍了国内外形势的变化，深刻阐述了中国共产党提出建立最广泛的抗日民族统一战线的意义，并就大家所关心的国共合作和即将到来的全民族抗日高潮，以及抗战前途等问题逐一作了精辟的论述，解开了干部战士的心结。陈毅同志还要求迅速将部队集中进行整训，抓紧时间加强政治思想教育和军事训练，以便担负起抗日救国的重任。

陈毅同志此次舍会山之行，对皖浙赣边区红军游击队下山改编起了决定性作用。为了贯彻执行中共中央的指示和陈毅同志所作报告的精神，1938年1月初，皖浙赣边各路游击队陆续汇集于舍会山。几天之后，红军各路游击队整编在一起，精神抖擞地下山进驻瑶里进行整训。

当时，参加整训的部队共计350多人，暂时被合编为"江西抗日义勇军第二支队"。

皖浙赣边区红军游击队在下山过程中，国民党内部也态度不一。国民党宁国县保安队和德兴长年坞国民党地方当局，就因反对国共合作而一直伺机对红军不利。上浙皖特委独立营一部30余人，于1938年1月21日在宁国万家集中时被敌人缴械，其中20余人被活埋。杨文翰同志领导的一支约百人的游击队曾经在德兴长年坞和国民党地方当局代表谈判达成协议，但当他率部赴指定地点集中时，却在途中遭国民党军队伏击，牺牲了十多名游击队员。此后，杨文翰不再相信国共合作，不相信上山动员改编的任何人，多次错杀上山联络改编的党组织代表，仍坚持在磨盘山一带打游击。

1938年2月，陈毅同志又一次专程来到瑶里，参与指导在这里集中整训的义勇军部队。经过了一段时间的抗日救亡宣传，国共合作共同抗日的精神被红军广泛接受，分散在各地的游击队员纷纷归队，更有许多热血青年踊跃报名参军，使等待改编的部队迅速发展到550余人，有机枪3挺、步枪200多支、短枪30多支。

陈毅同志在瑶里的"敬义堂"主持召开了红军游击队干

部和地方党组织负责人会议，向大家传达了党中央关于南方八省红军游击队改编为新四军的决定，并宣布"江西抗日义勇军第二支队"正式编入新四军序列。会议还对皖浙赣边区党组织负责人进行了调整，并对红军游击队改编和地方党的工作进行了部署。

会议结束后，边区党组织于1938年2月10日在瑶里"程氏宗祠"召开了各界群众抗日动员大会，陈毅同志出席了会议并发表了有关国共合作抗日的重要讲话，再一次阐明中共抗日民族统一战线政策，社会各界人士反响强烈，极大地鼓舞了广大军民的抗日救国热情。

会后，部队即向皖南歙县岩寺集结并在岩寺正式编为"新四军第一支队第二团第三营"，开赴抗日前线。父亲被任命为一支队政治部总务科科长，跟随陈毅同志踏上了新的征程。

从获悉"西安事变"的消息到完成瑶里改编，父亲先后经历了失去上级领导独立作战的考验、敌人严刑拷打、残酷折磨的考验和被党组织、同志们怀疑的考验。然而无论在什么样的情况下，父亲都怀着对革命事业必胜的信念，坚定沉着，机智果敢，坚贞不屈，百折不挠地坚持斗争，在历史转折的紧要关头，为保存和发展党的组织、革命武装作出了自己的贡献。

1938年2月，皖浙赣边区红军改编为新四军时，领导人在江西省浮梁县瑶里
前排左起：陈时夫、江天辉、李步新、刘毓标、王丰庆

1988年在江西景德镇，皖浙赣边区红军改编为新四军50周年纪念活动合影
前排左2邹志诚、左3方明、左7刘毓标、左8朱辉、左10李华楷、左11柴荣

陈毅将军的关怀

父亲出狱后，历尽千辛万苦找到了组织。但是，因为身份遭到怀疑，在找到部队后的一年多时间里，父亲没有被恢复党籍，只能默默地做一些杂七杂八的事情。

对刚刚出狱的人来说，组织上进行审查是十分必要的，父亲对此从来没有怨言，他曾经说过，如果是他遇到这种情况也一定会这么做，这是对党组织负责的体现。父亲依旧埋头工作，一直坚信通过行动绝对能够证明自己的清白。父亲心里一直期盼着党组织能够早日结束对他的审查，习惯了驰骋沙场的父亲时时刻刻都渴望着能够亲身奔赴抗日战场，为抗日作出自己的贡献。

父亲曾经非常痛心地告诉我们，作为一名共产党员，战斗失败、被敌人俘虏是可耻的，虽然事有成败，但是他总是将那一次战斗失败的经历看做是人生中的污点，认为是由于自己指挥无力才造成了那么多游击队员牺牲，给党组织带来了损失，自己也因为在买饭时疏忽大意而被俘，无论如何也是一段惨痛的经历。

但是，父亲还是尽了全力与敌人坚持斗争。他是因为全身负伤不能动弹才被俘的。在敌人的法庭上，面对恐吓和严刑拷打，备受折磨和摧残的父亲丝毫没有违背入党时的誓言。他出狱后一个人回来找到部队和党的组织，面对一些同志怀疑的眼光，父亲只说了一句："我经得起敌人要杀头的考验，同时亦经得起党和同志们对我的考验。"

1938年2月,父亲担任了新四军一支队政治部总务科长,主要负责的是后勤工作。父亲放下了当团政委、带警卫员的架子,在部队行军的时候跑前跑后,做着一切力所能及的后勤工作。无论是帮战士挑公文箱,还是与炊事员一起生火做饭,父亲都毫无怨言地承担着。他曾经对组织说过:在打仗打得只剩下两个战友的时候,在监狱里饱受摧残的时候,自己也没有忘记过党的事业,现在经受的这点磨炼又算得了什么呢?作为一名共产党员,能上能下是从入党宣誓的那一刻起就铭记在心的。

父亲一直忙忙碌碌地为后勤的各种大事小情而奔波,虽然生活依然充实,思想上却渐渐有了负担。左等右等,却不见有人来告诉他组织对他的政治审查结果,他的党籍还没有恢复,他还是一个做着部队后勤工作的"党外人士",父亲的心情不免变得压抑起来。

在父亲的心中,党的事业比他的生命还重要,他可以在国民党的监狱中受尽酷刑、几经生死而坚贞不屈,但在这么长的时间里被自己的同志怀疑和误解着,这是多么让人心痛的事情啊!

父亲认为,再也不能这样等下去了。他怀着沉重、忐忑、激动的心情,提笔给陈毅同志写了一封信,询问党组织对他的政审结果,并说若是组织上不放心的话,就给他一颗手榴弹,他宁愿杀到前线上与敌人同归于尽。

陈毅同志认真地读了父亲的信,回想起他第一次上舍会山见到的情景——父亲虽然回归了党组织,皖赣特委却一直派人监视着他的一举一动,连吃饭、上厕所都要跟着。那个时候,陈毅同志单独同父亲进行了一次谈话，仔细询问了父亲入狱、出狱的前因后果，并给予父亲极大的宽慰。谈话之后，陈毅同志找来皖赣特委的干部，要求将父亲"放开"，撤掉对他的监视，只进行正常的政治审查程序。正是陈毅同志的关怀，使得父亲以做总务科长的方式继续为党工作。

现在，距离上一次谈话已经过去了近一年的时间，父亲的种种努力，陈毅同志都看在眼里。还记得有一次在行军的时候，父亲帮助战士挑陈毅同志的铁质公文箱，里面有一些重要的文件和资料。因为有敌军在后边追赶，部队行进的速度很快，而父亲却因为挑着两个大铁箱子而渐渐落在了后边。

陈毅同志看到挑着箱子、满脸汗水、气喘吁吁地跑着小碎步跟着队伍的父亲，不禁说了他几句："刘毓标，是箱子重要还是人重要？还不快把那两个箱子扔了！"

父亲见是陈毅司令，连忙放下挑子喘着粗气说："不行啊，司令，这是您的公文箱，怎么能丢掉啊。"

陈毅同志笑着说道："你怎么那么老实！文件当然不能丢，可是这铁箱子又不是文件，你把重要的文件取出来包好随身带着，把铁箱子先找个地方藏起来不就行了！"

父亲也笑了，连忙按照陈毅司令说的办法将文件取出包好塞进衣服里，铁箱子则被安置在路边半人高的稻田里。

这样的小事，均被陈毅同志看在眼里。他深知父亲不是一个伪善的人，而且经历了那样惨烈的狱中斗争，绝对不会背叛组织。陈毅同志接到父亲的信之后，立即找他进行了一次谈话，对心情忐忑、寝食难安的父亲进行了一番安慰，并告诉他要正确对待组织上的考察，安心工作，耐心等待。父亲听了陈毅同志的话，感受到了来自党组织的温暖，内心的委屈一下子烟消云散了，思想又稳定下来，继续认真做好总务科长的本职工作。

1938年12月底的一天，盼星星、盼月亮的父亲终于等来了一个好消息。那天，新四军一支队政治部组织科科长魏天禄同志找到父亲，与他进行了一次简短的谈话，以口头通知的方式告诉父亲说，经过一年的考察和审查，经支队党委会的讨论以及新四军军分会批准，决定恢复他的党籍。激动万分的父亲紧紧握住魏天禄同志的双手，眼含泪水对党组织表达了感激之情。

恢复党籍，说明父亲重新得到了党组织的信任。拨开云雾见天日的父亲又精神抖擞地投入到工作中去了。1939年2月，父亲接到通知，因为部队的发展需要干部，特别是经过战争考验的老红军、老革命，安排他到新四军教导总队进行学习。

父亲在学习过程中废寝忘食，非常努力，于当年6月调往新四军江北指挥部工作。先后任教导大队教导员、军政干部学校政治处主任，1940年10月调任抗大五分校政治部副主任兼组织科长。

由于父亲在接受组织审查的过程中经历了思想上的起伏，又在与陈毅同志的两

1939年在安徽，与军政干部学校教育长谢祥军（右）合影

次谈话中体会到了党组织亲切的关怀，因此十分擅长做思想政治工作。在抗大五分校工作期间，学员中有些自由主义，偶尔会散布对个别领导的不满，因为当时任指导员的任球同志未能及时反映与制止，给部队造成了不好的影响。父亲发现后，立即找任球同志谈话，用换位思考的方式积极帮助他提高正确分析和解决问题的能力，对他既有批评又有启发。当看到任球同志在处理问题时既坚持了原则，又没有把问题扩大化时，父亲立即对他进行了表扬，以坚定他的政治思想。

积极投身机关学校工作

1941年6月，父亲调任新四军后方政治部组织科长；当年10月，又被调任新四军直属政治处主任。从事机关工作，使父亲在锻炼了组织能力的同时也丰富了革命经历。

在调任机关以前，父亲的职务一般都是独自负责一个单位的事情，虽然各种事务也很繁忙，但是系统比较简单，这次的调任对他来说既是考验、是锻炼，也是一个挑战。新四军直属机关很大，各个单位很多，工作的性质和需要完成的任务类型跟他以前的工作经历都不太一样，同时负责各种大事小情的机关干部也很多，做事的时候必须考虑周全，不像过去那样以自己做决策为主。

好在父亲的适应能力还是比较强的，他很快发现做机关工作需要将所有任务具体化，要认真细致地按照不同的单位进行具体的任务布置，在检查的时候也要更加深入，凡事都要以

"认真"二字为主。

父亲所在的新四军直属机关在工作的同时，党员干部还有很多学习的机会，调任机关工作后，听首长报告就成了父亲提高政治修养的最佳途径。有一段时间，父亲听了刘少奇同志作的"关于组织纪律修养"的报告，感觉受益匪浅。

1941年11月，刘少奇同志发表了一篇题为《论党员在组织上和纪律上的修养》的文章，深刻论述了党的组织结构、党员与党组织的关系、民主集中制的意义和作为党的干部应该明确的责任、义务以及应该具备的思想、态度。

刘少奇同志在文章中这样写道："在党内，凡是诚恳坦白的老实人，最后一定不会失败的。共产党员应当吃苦在前，享福在后。这也是'先天下之忧而忧，后天下之乐而乐'的精神。有许多人调皮捣蛋，不老实，专门'钻空子'；手臂很长，什么东西都搞得到，到处占面子，占便宜。这样的人，最后要被检举的，要吃亏的。至于那些埋头苦干的人，都是老实人，现在吃一点亏，最后会成功的，人家总会知道你是好同志。我们的党员应当学好样子，不应当学坏样子。每个党员要照上面所讲的去修养，去做一个正派的人，在党内起积极作用。这样党就会团结统一起来，就能建设一个好党，保障革命胜利。"

刘少奇同志的话让父亲在政治上更加成熟，为增强党性、组织性和纪律性也打下了稳固的基础。

1942年2月，毛泽东主席作了《整顿党的作风》《反对党八股》两篇重要报告，指出整风的任务是"反对主观主义以整顿学风，反对宗派主义以整顿党风，反对党八股以整顿文风"，其中又以反对主观主义为重点。由于长期处于抗日敌后根据地，战斗频繁，部队分散，环境不稳定，新四军的整风运动，是全党全军整风运动的重要组成部分。

4月3日，中共中央宣传部号召学习毛主席关于整顿"三风"的报告。4月中旬，新四军军部举行干部动员大会，组织整风学习。同年6月4日，新四军直属机关成立了整风学习检查总委员会，在陈毅代军长领导下，由父亲与曾山、赖传珠、彭康、邓逸凡、薛暮桥、宋裕和、崔义田、张闯初同志为委员，曾山同志为主任。

父亲在这次整风运动中一直保持着清醒的头脑和良好的政治情操，在政治上、思想上、组织上、作风上都严格要求自己，作出了很好的表率。

整风学习的内容，是党中央规定的22个文件。父亲按照上级要求将这些文件逐一进行了粗读和精读，认真领会了文件的精神实质，掌握了思想武器，并且根据文件的精神实质将平日在工作中的实际行动进行了对比。

父亲还在阅读、研究文件的时候写了一本厚厚的反省内容的学习笔记，并积极写了自我批评的提要交上级批阅。在机关组织的学习小组中，父亲与其他干部一起就文件内容进行分类讨论，还与大家一起通过办墙报或整风小报等形式，互相交流学习心得和体会。当时新四军政治部、宣传部还创作了一首《整风歌》，其中一句"三风不正害死人，劝我同志快猛醒"，被父亲时刻牢记在心中，在轰轰烈烈的整风学习过程中，不断提高对马克思主义思想的认识水平。

父亲在军部机关工作一年半之后，于1942年12月调任十八旅五十二团政委，并在1943年4月调任了抗大八分校政委。在两年多的时间里，父亲贯彻党的教育方针，克服各种困难，为人民军队的建设发展培养输送了大批军政兼备的优秀干部。

1945年8月,父亲调任淮南津浦路东军分区副政委兼政治部主任,年底又调任了二师六旅副政委兼淮南津浦路西分区副政委。前后经历了4年多的机关学校工作的磨炼,无论是在政治上还是在军事上,父亲的工作能力都得到了很大的锻炼和提高。

第六章

参加解放战争,迎接全国胜利

- 回归部队,重上战场
- 亲历淮海战役
- 参与建设华东装甲兵
- 向毛泽东主席当面汇报

解放战争的胜利，在中国内地结束了极少数剥削者统治广大劳动人民的历史，结束了帝国主义、殖民主义奴役中国各族人民的历史，使得占人类1/4的中国人民获得解放，改变了世界政治力量对比，对国际局势和世界人民革命斗争的发展具有伟大而深远的影响。父亲亲历了整个解放战争的全过程，参与了多次重大战役，为全国的胜利贡献了自己的力量。

回归部队，重上战场

"苏中七战七捷"后，华中野战军主力第一、六师北上。为了坚决拖住东线国民党李默庵5个整编旅向北进犯，不让敌人从东侧来威胁两淮和华中野战军在宿北的歼敌计划，同时保证滨海后方的安全，粟裕同志等华中野战军领导人下令将3个地方团组建成了三十一旅，归第七纵队建制，作为苏中敌后斗争的主力继续坚持战斗。

1946年9月23日，第三十一旅在江苏省东台县正式成立，父亲调任华中野战军第七纵队（后为华东野战军第十一纵队，二十九军前身）三十一旅任政委。

三十一旅一成立，就遇到了一系列的大仗、恶仗。首先，就是在敌众我寡、装备落后的情况下进行的通榆线阻击战。因华中军区的主力部队已经北上转移，敌后斗争主要由留下来的七纵队挑大梁。当时，三十一旅以一个旅的兵力抗击敌人5个师的轮番进攻，历时两个半月，战线长达100多公里。

粟裕同志曾经反复叮嘱第七纵队司令员管文蔚说："你们

一定要在东线把敌人牵制住，不让敌人从东侧向两淮进犯。"邓子恢同志也一再叮咛道："陈军长等已决定在北边打一两个大仗；你们在东线的阻击任务，从东台到射阳河，一定要节节抵抗，不能让东面那路敌人过来，千万千万。"

据华中野战军司令部指示和纵队命令，三十一旅在海安以北、东台以南公路段驻扎，随时阻击前来进犯的国民党军队。当时，有的同志认为阻击战是消耗战，特别是在敌人兵力和火力都很强的情况下，我军很可能只有人员伤亡和弹药消耗，很难缴获武器和物资，因而存在消极情绪。为了整体的胜利，局部付出消耗和牺牲是必要的。

父亲根据阻击战的特点，适时地对全旅进行战前政治思想动员。三十一旅的几个领导统一认识，认为这次阻击是长距离、长时间的连续阻击，为我军以往极少有；作战指导上力求尽量多杀伤敌人，又要尽可能地保存自己。

父亲在战前指示各部队抓紧战斗间隙，在部队中进行形势与任务教育，大力宣传"苏中七战七捷"的光辉胜利。各级党委和支部召开动员会，决心打好主力北上后的通榆线阻击战，为人民再立新功。

1946年10月13日，国民党第一绥靖区司令官李默庵调集、整编第八十三、第六十五、第六十七师等10个团的兵力，从海安、溱潼出发，挥军大举北犯，扬言要在一天内拿下富安、安丰、梁垛，直捣东台城，然后再北上盐城、阜宁。

担任富安外围贲家集防御任务的华中野战军第三十一旅第九十一团第三营在两天两夜的时间里迅速抢修了周边的防御工事，将前沿暗堡与交通壕沟联通，并在阵地前沿设置了经过伪装的鹿砦、反坦克陷阱等机关。

10月13日上午10点钟左右，国民党整编第六十五师的两个团由海安进犯贲家集，其中敌军的先头部队一个团在航空兵支援下，对我军阵地发动多次轮番进攻，经过激烈的交战均被我军顽强击退。

激战持续了整整一天时间，解放军共毙伤敌200余名，取得了第一阶段的胜利。当天晚上，敌军撤退并龟缩于海安。第九十一团第三营完成了阻击、重创敌人的任务，奉命于当晚撤离贲家集。

10月14日凌晨，国民党整编第六十五师、第一四五旅向贲家集大肆炮击。开炮一小时之后，敌军见没有什么动静，胆战心惊地踏进贲家集。早就隐蔽在贲家集北侧的第三十一旅第九十三团，乘敌军放松警惕的时刻立即从道路左右两侧向敌军发起突袭，利用地形的优势，采取"麻雀战"的战法同敌人周旋，节节阻击和消耗敌人。

10月15日，敌军调整了进攻战略部署，决定以整编第八十三师接替整编第六十五师继续进攻，并加强了第一线的进攻力量。中午，在两架战斗机和几十门大炮狂轰滥炸的配合下，敌军向我富安据点发动了新一轮的猛烈攻击。防守富安的第三十一旅第九十三团奋起阻击，将敌人牵制在富安东南花园巷一线，并在接下来的两天时间里于富安外围与敌人进行了多次战斗，大量消耗和杀伤了敌人的武器和兵力。

在第九十三团部队正面抗击敌人的同时，第一、第二、第九军分区的部队和各县区武装也在敌人后方和侧翼纷纷出击，展开"破袭"作战，造成了敌人处处挨打的被动局面。

不肯善罢甘休的敌人不断增加第一线进攻兵力，并迂回到军防御部队的侧后。鉴于敌人已对富安守军形成包围态势，再继续僵持下去对部队十分不利，在上级的安排下，第九十三团奉命于 10 月 18 日晚放弃富安向安丰撤退。

参加富安阻击战的第三十一旅九十三团的指战员，在兄弟团队的协同和地方武装、人民群众的支援配合下，经过六昼夜的激战，打垮敌人飞机、大炮和地面部队一次次的联合进攻，毙敌近千人，消耗敌炮弹万余发，经受住了第三十一旅成立后首场恶仗的严峻考验，超额完成了阻敌作战任务，成功策应了华中野战军主力在涟水地区的作战行动。

父亲总是在战斗中亲临第一线，发挥政治思想工作的作用。针对第三十一旅指战员首次经历敌空中、地面立体攻击的情况，旅政治部及时提出了"飞机不能捉俘虏，大炮不能拼刺刀"的口号，极大地鼓舞了指战员的士气。

父亲在战斗中还及时传播各战场尤其是华中野战军、山东野战军主力在苏北、鲁南的胜利喜讯，以此来鼓舞战士们英勇杀敌。从富安保卫战开始，火线立功活动就在全旅各团广泛开展起来。"看谁捉的俘虏多，谁缴的枪炮多，谁的战场政治喊话效果好，谁执行俘虏政策好"等等杀敌竞赛活动，大大激发了指战员的革命豪情。

富安保卫战刚刚结束，父亲就指示团里表彰了一批英模人物，并让政治部配合团里很快出版了《守备在富安阵地上》油印小册子，通过积极宣传英模事迹来鼓舞全旅将士的斗志。

第三十一旅前后经过了 20 多天通榆线上的艰苦阻击战，出色地完成了任务，尔后转入苏中敌后坚持斗争。1947 年 5 月 15 日，第三十二旅在苏中台北县洋岸灶成立，父亲调任该旅政委。在此后的一年多时间里，父亲和旅长吴咏湘叔叔率部坚持苏中，积极打击敌人，先后向海安、李堡、栟茶、丰利等地国民党军队和土顽据点发起进攻，攻克据点20余处，歼敌3000余人，粉碎了敌军的"扫荡""清剿"，改变了苏中对敌斗争的形势，打开了南线敌后斗争新局面，配合了山东战场和中原战场的作战。这段时间里，由于党的正确领导，对敌斗争的胜利，父亲的政治情绪、工作情绪十分高涨，经过大规模兵团作战的锻炼，不但在军事上收获了很多，组织性和纪律性也进一步提高了。

亲历淮海战役

时至1948年下半年，人民解放战争已经持续了两年多的时间，解放军与国民党军之间经过反复的较量，敌我双方兵力对比已经发生了明显变化，全国战局正处于发生巨大变化的前夜，战略决战的时机已经十分成熟。

按照中央军委的战略部署，淮海战役在1948年11月6日正式打响了。两天后，国民党军何基沣、张克侠部2万余人举行战场起义，华东野战军趁势抄近路对黄百韬的兵团进行包抄。11月10日，黄百韬兵团被华东野战军第四、六、八、九纵队合围于碾庄地区。蒋介石闻讯迅速派邱清泉、李弥两兵团从徐州方向出动，星夜沿陇海路两侧向东驰援，企图解救黄百韬兵团。

华东野战军第十一纵队奉命离开东路战场，急奔徐州以东地区，配合第七、第十纵队阻击从徐州来犯的国民党援军，保证包围黄百韬兵团的解放军部队侧翼的安全。父亲所在的第十

第六章 参加解放战争，迎接全国胜利

一纵队三十二旅迅速赶至三十一旅后侧的黑山一带阻击阵地，连夜赶筑防御工事，在天亮之前顺利接替三十一旅，担任继续阻击敌军的任务。

阻击敌人的战斗进行得非常激烈，为了更好地完成阻击任务，三十二旅的战斗指挥所就设在战壕后边。父亲他们在荒无人烟的地方就近找到了一间破烂的小草房作指挥所，为的就是能在第一时间对部队的指战员做出最准确、最及时的战略部署。

黑山阻击战的阵地环境十分艰苦，指战员们生活在冰天雪地的荒野中，因为物资运输困难，粮食不够吃，很多时候大家只能以山芋充饥。父亲当时已经 40 岁了，是三十二旅的几位领导中年龄最大的一位，年轻时因遭受敌人的迫害，他的身体状况并不是很好，但他还是坚持战斗在第一线，与部队的战士们同甘共苦。

黑山一带的阻击战斗打得十分激烈，可以说是三十二旅参加整个淮海战役过程中最艰苦、最激烈、伤亡最大的 10 天。父亲在战场上吃大苦、耐大劳、奋不顾身的精神，得到了全旅指战员的认可和钦佩。

三十二旅还有项重要任务是配合山东南下的野战军，切断运河铁桥和陇海路，堵截正在向西撤逃的黄百韬兵团。其中九十四团各营、连，在敌人七架战斗机的轮番轰炸下打得异常英勇顽强，最终抢占了运河铁桥西岸桥头堡。在这次战斗中，九十四团共俘虏敌人副团长以下官兵 900 余人，缴获轻、重机枪 30 余挺。其中缴获的卡宾枪、手枪、弹药非常多，有的美国卡宾枪、加拿大手枪还是没有开封的整箱包装。父亲和旅长看到九十四团的战绩，立刻在全旅给该团将士发出嘉奖令，并提

出要戒骄戒躁、继续战斗。

父亲还特别找到九十四团的团长孔成和团政委任球进行了一次谈话，开诚布公指出："这次你们团打了胜仗，缴获不少，这是好的，但你们团有的同志有本位主义思想，把缴获的美国卡宾枪、加拿大手枪打埋伏。部队打了胜仗要遵守纪律，培养好的作风。我的意见是，你俩要亲自动员，除按规定留下外，其余全部上交。"由于父亲的提醒及时，这件事处理得很好，部队上下没有一个人为了缴获的战利品而犯错误。

经过十多天的苦战，第十一纵队和兄弟纵队一起，终于成功将邱清泉、李弥的两个东援兵团阻击在离被包围的黄百韬兵团30华里以外的地方，保证了第四、六、八、九和十纵队能够顺利完成歼灭黄百韬兵团的任务。

1949年2月，华东野战军第十一纵队三十二旅改编为第三野战军二十九军八十六师，父亲继续担任政委，同年4月，父亲调任二十九军政治部主任。与此同时，解放军发起渡江战役，二十九军担任东部地区突击渡江任务。

在渡江战役中，父亲所在军的二五六团担任突击江阴炮台东侧地段的突击队，八十六师指挥所跟随二五六团后前进。那时父亲已经担任了二十九军政治部主任，为了靠前指挥，他所乘坐的小汽艇跟随八十六师指挥船一起向敌人的江防阵地前进。

父亲之所以乘坐小汽艇跟在用木帆船改造的指挥船之后，是因为在黑漆漆的江面上汽艇起渡后会发出嘟嘟的声音，目标显得比较大，可以吸引敌人的火力以掩护指挥船的安全。父亲乘坐小汽艇出发后，江阴要塞炮台的炮火一直对着小汽艇射击，炮弹在父亲所乘的汽艇前后左右不断地爆炸。父亲就是用这样的方式掩护部队安全渡江，将自己的生死完全抛在了九霄云外。

参与建设华东装甲兵

新中国成立后，中央军委根据形势变化和组建海军、空军及特种兵的需要，于 1950 年 10 月决定撤销二十九军军部，各师改建其他军兵种。时任二十九军政委的父亲，于当年 12 月调任华东军区摩托装甲兵（后改称华东军区装甲兵）副政委（后于 1952 年 9 月任政委）。

1950 年在上海

作为新技术兵种的组建者和领导者，父亲与其他领导和官兵一起为装甲兵部队的建立和发展作出了开创性的贡献。

建国之初，为适应国防现代化的要求，华东军区的坦克部队有了飞跃发展。1950 年秋，成立了华东军区摩托装甲兵司令部，由原来的一个坦克师，逐渐发展为两个坦克师、两个训练编练基地（师级）、三个独立坦克团、一个水陆坦克教导团，还为十几个步兵师组建、装备、代训自行火炮团，装备有 T–34/85 中型坦克、IS–2 重型坦克和 SU–122 自行火炮。

1950年在上海
左起：吕若羿（赵倩妹夫） 刘毓标 赵德荣（赵倩父亲） 赵帛（赵倩大弟）

1950年在江西上饶，刘毓标与其大姐、二哥合影

第六章 参加解放战争，迎接全国胜利

父亲到任后，克服文化水平低、缺乏技术知识的困难，认真地虚心学习，和首任司令员兼政委何克希伯伯、继任司令员刘涌叔叔一起，为建设华东军区装甲兵做了大量艰苦细致的工作。1953 年 7 月，父亲率部参加了抗美援朝战争，沉重打击了美国侵略者。

1953 年 7 月 6 日，华东装甲兵所属的坦克第二师第四团奉命配合第二十三军对驻守石岘洞北山的美军第七师第十七团发起了攻击。战斗打响后，坦克第四团的 6 辆 T-34 坦克先发制人对石岘洞北山进行破坏射击。随后，T-34 坦克以凌厉的火力压制和消灭了美军残存火力点，掩护步兵迅速扑向美军阵地。这次战斗仅耗时 17 分钟，中国志愿军全部占领石岘洞北山，共歼灭了一个连的美军。

攻克石岘洞北山之后不久，美军大举反攻，中国志愿军步兵在坦克第四团的帮助下与敌人展开了拉锯战，最终在 7 月 18 日完胜敌军，赢得了最后的胜利。这场持续了 12 天之久的战斗是朝鲜战争中规模最大的一场坦克战，期间坦克第四团的共主动出击 11 次，击毁、击伤美军 M26、M46 等坦克 18 辆，摧毁火炮 11 门，并杀伤了大批美军步兵，胜利地支援步兵攻占并巩固了阵地。在这场战役中，215 号坦克因为独立击毁敌军 4 辆、击伤 1 辆坦克的卓越战功而被志愿军总部授予了"人民英雄坦克"的称号。

在被调任到装甲兵工作之后，出于对老部队的感情和厚重的革命责任感，父亲仍然十分关注着老部队的建设。1950 年冬，原二十九军八十六师奉调空军被整编为华东军区空军十一师，从厦门前线来到了苏北徐州，由苏联空军帮助改装训练，恰好同华东军区装甲兵同驻一个城市。这个时候，抗美援朝战争已打了几个月的时间,前线对空军参战有着迫切的需求,部队的政治教育、思想工作十分繁重,改装训练也非常紧张。

1991年在江苏徐州,与原华东军区装甲兵、坦克二师老同志合影

由于空军十一师和装甲兵都是华东军区领导指挥的部队,父亲又是十一师前身的老政委,因此同师领导经常往来。父亲非常关心十一师的建设,先后找到师政委黄烽同志和政治部主任任球同志等人进行了关切的谈话,鼓励他们说:"你们刚到空军,情况不熟,不懂技术,工作困难不少。有些同志有畏难情绪,要切实做好思想政治工作,鼓励大家钻技术、学业务,变外行为内行,尽快掌握工作的主动权。要坚持五湖四海,团结好外来干部、技术干部。要虚心学习苏联空军的训练、作战经验,充分发挥他们的作用。"

父亲还常常到机场、砀山靶场观看空军十一师部队的日常训练,经常与师里的领导聊天,了解他们的难处和疑问,适时给予力所能及的帮助。当父亲得知师里有些科、团级干部年龄已经不小了，却仍然没有考虑个人的"终身大事"之时，他便毛遂自荐、热心地担当起"红娘"的工作来。父亲积极地给军区的领导写信说明情况，请求抽调了一批从事文艺、医务、通讯工作的女同志到十一师工作。在长期的工作相处中，几位女干部与师里的干部产生了感情，最终结为了革命伴侣。

父亲长期担任政治工作领导职务，为军队的政治工作建设作出了自己的贡献。在同志们眼中，父亲的形象一直很好，为人厚道、正直、没有架子、对同志和下级都十分热情是人们对他最多的评价。

父亲是地方干部出身，有着丰富的地方群众工作经验，又有长期带领部队作战、独当一面创建根据地的经历，大局观好，不仅军政兼备，而且是地方、部队兼优。性格直爽、讲原则的父亲在担任旅、师、军政委期间，充分尊重军事主官，既不计较小事，也不搞无原则的迁就，从不突出个人，因此大家在一起工作时都能心情舒畅、团结一致。作为一个高级政工干部，父亲十分擅长做思想工作，并且有着优良的工作作风，人前人后都是为人称道的楷模。

向毛泽东主席当面汇报

1952年10月下旬的一天，父亲办公室的电话发出了清脆悦耳的铃声，原来是徐州市委书记华诚一同志打来的，请他和华东军区装甲兵司令员刘涌同志去市委一趟，有重要的事情要与他们商量。父亲听说是重要的事，就赶紧找到刘涌同志一起乘车赶到了市委办公室。

一进会议室，父亲便见到了山东省委书记向明同志、徐州市委书记华诚一同志和徐州警备区司令员张光忠同志，父亲料定，看这阵势必定是有什么大事要与他们商量。向明同志亲切地与父亲他们打了招呼，请他们坐下来，然后面带微笑地说道："有一个好消息，主席目前正在山东休假，并且准备到徐州这边来看看，可能要住个一两天。请你们来，就是想商量一下怎么安排主席的行程。"顿了一下后，向明同志紧接着又说："对了，主席最近身体状况不是太好，徐州今年又冷得早，你们要想办法保持室内温度不低于19℃。另外，主席习惯了睡木板床，不要准备席梦思和棕绷什么的。吃饭要吃白米饭，主席喜欢清爽，不要搞大碗大碟的荤菜，还有就是主席不喝酒，这点要注意一下。吸烟呢要吸国产烟，不要外国烟。"父亲和刘涌边听边点头记下。

说完了居住和饮食，向明同志想了想又说："这是建国以来主席第一次休假，主要是出来走走、看看，气氛要愉快明朗一些，尽量少谈工作。还有一点就是主席喜欢研究历史，你们要准备一部徐州地方志。"

根据向明同志的布置，父亲、刘涌同志、华诚一同志和张光忠同志经过商量决定，由父亲他们把房子腾出来，请主席住在装甲兵领导同志的宿舍楼上。华东装甲兵的宿舍楼是坐落在文亭街的徐州府道衙门，以前曾经作过国民党要员郝鹏举的公馆，虽然旧了些，但那是当时徐州市唯一有暖气的房子。向明同志同意了父亲他们的意见，父亲便又开始着手将宿舍的床按照主席的习惯布置了一下，屋里屋外打扫了一遍。

10月27日下午，父亲与向明同志、刘涌同志、华诚一同志和张光忠同志赶到徐州北站叉道迎接主席的到来。

他们刚到不久,主席的专列便缓缓地驶进了站台。火车停稳后,主席满面笑容地走下火车,公安部长罗瑞卿同志、铁道部长滕代远同志随后也下了车,陪伴在主席左右。

向明同志兴奋地向主席一一介绍了父亲他们几个人的身份:"这是华东装甲兵司令刘涌,这是政委刘毓标。他们都是红军出身……"

主席笑容可掬地转向父亲,一边与父亲亲切地握手,一边说:"好,好。"

介绍完毕,向明同志又说:"请主席到装甲兵司令部去休息,那里安全,也有暖气,都准备好了。"

主席笑着对父亲他们说:"我看就莫去了,去了会给你们添麻烦,搞得鸡犬不宁。就住在火车上好!今天没有什么安排,你们回去工作吧。明天去看你们。"

见主席这样坚定,父亲他们也就没有再说什么,与主席告别后离开了火车站。

第二天上午8点,主席在几位同志的陪同下,准时来到了当时用于接待苏军顾问的华东装甲兵外宾招待所。主席就座后,点燃了一支烟,微笑着问道:"你们都是哪里人,哪年参加革命的啊?"

刘涌同志回答说: "我是江西兴国人,1930年参加的红军。"

主席听了说道: "兴国我很熟,在长冈乡我还作过调查哟。"

父亲接着答道:"我是江西横峰人,赣东北苏区的。1927年参加了方志敏同志领导的弋横农民暴动,先做的是地方工作，当过区委书记、县委书记。1934年转入红军工作。"

主席听了父亲的话，沉吟了一会儿说道："方志敏是个很好的同志，可惜牺牲得太早了。"主席把吸了一半的烟掐灭，然后又转向父亲和刘涌问道："你们现在装备的坦克都是哪国造啊？"

刘涌同志汇报道："杂得很，有缴获的美式、日式坦克，也有前年苏联老大哥援助的一个师的T–34坦克。"接着刘涌又向主席简要汇报了华东装甲兵的主要编制、装备和训练等情况。

刘涌向主席汇报工作的时候，父亲不禁仔细地打量了近在眼前的主席。主席那天穿着一身黄色的中山装，父亲看到衣服的领口和袖口都已经磨得起了毛，主席脚上穿的一双黄皮鞋，上面也有好几个地方被磨得发白了，右脚的一只袜子上还打着补丁。主席如此俭朴，让父亲感到肃然起敬。

刘涌同志正在向主席汇报苏联的一个坦克师连人带装备来华东装甲兵交接的事情，主席听到这里问道："你们和苏联同志相处还好吧？"父亲他们说还好。听完刘涌同志关于华东装甲兵的汇报，主席笑着说道："看来你们的家当还不少哟。你们都当过红军，那时候是小米加步枪。现在不同了，有了坦克还有飞机、大炮，这些东西技术性很强。你们都还年轻，要好好学习文化、学习技术，把坦克兵搞好。"

主席顿了顿，将不久前掐灭的那半截香烟重新点燃吸了一口，又问华诚一同志："徐州自古以来是兵家必争之地，典故不少，你们有没有地方志啊？"

华诚一同志立即把准备好的一套徐州地方志放到主席面前。主席信手翻了翻说："你的这一套不全哎，还少了一本哩！"

父亲他们听了，都为主席对历史知识的博学而感到惊叹不已。他们又与主席就很多问题谈了一会儿，然后便陪同主席去云龙山、九里山。

出徐州北郊不久，一条新开的壕沟阻断了前行的汽车，父亲他们与主席一起下了车。主席站在壕沟前，遥望九里山的方向，笑了笑说道："九里山近在咫尺，可是一沟横断马路，看样子是不让我过去了，我们只好打道回府啦！"

父亲他们听到主席这样诙谐的言语，也会心地笑了。

这时候已经接近中午时分，父亲和刘涌同志走到主席身边，请主席和其他同志一起到装甲兵司令部吃午饭。主席客气地说："不用麻烦了，今天我请客，你们都到火车上去吃饭。"

他们随主席一起回到了停靠在车站的专列上。因为火车上的餐桌很小，大家只得分开就座。主席单独用一张小桌，父亲和罗瑞卿同志、刘涌同志用一张桌子，其他人则另用一桌。饭菜很快便准备好了，三桌的饭菜都一样，十分简单：主食是米饭和馒头，另有两荤（红烧鱼、炒鸡肉片）两素（炒辣椒、清炒青菜）和一个汤。

每桌还备有一瓶通化葡萄酒。在主席来之前，向明同志曾经跟父亲他们说过，主席不爱喝酒，不用准备，如今看到这瓶葡萄酒，父亲悄悄问罗瑞卿同志："我和刘司令给主席敬杯酒，好吧？"

罗部长摆摆手轻声说："不要去，主席不喜欢。"父亲和刘涌同志听了也就作罢了。

那次是父亲第一次喝到通化葡萄酒，觉得特别香醇可口，从此便养成了爱喝这酒的嗜好。

主席吃饭没有多余的讲究，吃得很快，吃完后便起身走到父亲他们身边说："我去休息了，你们慢慢吃。晚上我们就走了，你们都不要来送行。好好把部队带好。"说完和父亲他们一一握手告别。

　　主席走后，父亲久久回味着和主席共同度过的一天中的许多细节。主席的音容笑貌，深深地印刻在他的脑海里。主席的博学多才、平易近人、体恤下级、俭朴克己等优秀品质对父亲以后的工作、生活产生了很大的影响，让他以此为榜样，为建设现代化的人民装甲兵而努力奋斗。

第七章
沧海横流现本色

- 面对莫须有的"悬案"
- 十年浩劫备受迫害
- 拨云见日,还原历史

1955年,在新中国第一次实行军衔制度的时候,父亲光荣地被授予了少将的殊荣,并获得国家颁发的二级八一勋章、一级独立自由勋章、一级解放勋章。经历了20多年的革命斗争与政治工作的锤炼,年富力强、各方面都已经成熟的父亲享受着党对他的信任与关怀。

正当父亲准备继续为国、为民作出力所能及的贡献的时候,却由于历史审查的错误结论而蒙受冤屈,被怀疑、被批斗、被降职,轮番的灾难使他陷入了人生的低谷之中。

父亲依然忠心不改、无怨无悔,坚定、乐观地对待工作和生活,表现着对党对人民的赤子之心。

面对莫须有的"悬案"

被授予开国将军的父亲踌躇满志,准备为军队现代化再作贡献,却没想到一场悄无声息的风暴正向他袭来。

上世纪50年代中后期的"肃反""审干"中,父亲也受到了审查,原由就是父亲于1937年曾经被俘虏,经几个月的牢狱生活之后,又被放了出来。在父亲当年艰难找到组织的时候,就曾经受到过怀疑,

1955年授予军衔时留影

在陈毅同志的关怀和帮助下，经组织审查恢复党籍，作了结论。时隔多年，这个问题再次被提了出来。

由于"左"的指导思想影响，在"找出问题是成绩"的情势下，某些同志仅凭几份没有任何旁证的敌伪材料，不作认真负责的调查，不顾本人坚不承认，更不顾陈铁君、李步新、江天辉、倪南山、邹志诚等战友的凿凿证词，将父亲的问题"留作悬案"，即"可能有，也可能没有"的莫须有。

1956年，父亲被安排进了招待所"休养"，失去了一切职务和工作；1958年，父亲又被通知转业，相当于被剥夺了军人身份，这让多少年来一直忠心于党的事业的他倍感悲痛。

回头想想，21年前，他是怎样的出生入死，经历了受伤被俘、严刑拷打之后，在同志的帮助下逃离牢狱之灾的，他是怎样拖着多次被打断的双腿，用在松树下挂瓦片、绑纸条的方式艰难寻找组织的。而现在，父亲却再一次经历了组织的怀疑，甚至为此付出了那么大的代价。父亲从心底里发出呐喊："我没有叛变过！我上诉！"

1959年，父亲向组织提出了上诉。然而，这个"悬案"的结论却没有丝毫改变。当时，摆在父亲面前的有两种选择：一是以年高体弱为由（他已年过五旬，战争年代又留下了遍体伤痕和严重的胃病），要求留在军队离休；二是一个任正军职已10年的老红军，到地方任副厅长（所谓降职三级）。父亲认为，共产党员不是为做官，而是要做事。为了保留继续为人民服务的权利，他毅然决然地接受了那屈辱性的安排。

1961年，父亲被迫离开了征战、工作多年的部队，转业到了地方。离开部队之前，军区领导请他在华东饭店吃饭。回到家以后，微醉的父亲无力地躺倒在床上，两行热泪顺着鬓发

第七章 沧海横流现本色

1959年参加国庆十周年观礼后留影

流到了耳朵边，滴在了床单上。

转业之前，父亲冒雪回到了葛源，回到了他曾经追随党的脚步走出去的家乡。在葛源还有一些当年同父亲一起闹土地革命的战友和老红军，父亲一到家便带着家人一起去看望他们。

慰问完老红军，父亲又带着母亲和我们几个孩子站在进村的山上，给我们讲了当年闹土地革命的壮烈和打游击战的艰难。结束了葛源之行，父亲转业去了地方，成了另一个角色，开始了另一种生活。

虽然是被迫转业到地方的，但是，父亲的工作态度没有丝毫的改变，依旧认真对待工作，亲切对待下级和群众。1964年，父亲去句容县农村检查工作，已经56岁的他不顾年迈并患有气管炎哮喘的身体，坚持跟社教队的干部吃住一起——吃的是社员家的稀饭，睡的是草铺，甚至几个人盖一条被子。父亲年龄大了，睡觉很轻，夜里他常常起来给年轻人盖被子，他的善良和热情深深地感动了基层群众。

父亲转业的时候，正值国家三年困难时期，为了减轻人民负担，他主动要求降低工资100多元，并且当遇到重大灾情的时候，他总是积极主动地捐钱捐物。

做民政工作需要经常深入农村访贫问苦，遇到灾情也要亲临一线组织救灾救济工作，父亲在这些工作上从来都是以身作则、亲力亲为。有几次，他在灾区指挥、慰问的时候因脑伤复发而昏倒，幸好被随行人员送回南京住院治疗才脱离危险。无论是在群众中间还是对厅机关的同志们来说，父亲都有很好的口碑。

十年浩劫备受迫害

在"十年动乱"期间，父亲再一次因为"历史问题"受到了残酷的迫害。在那个疯狂的年代，好像世间所有的事物都带着极"左"的印记，凡是历史上被捕过的人，都被毫不留情地批斗并戴上"叛徒"的帽子。那时候的父亲每天的"工作"就是接受批斗，每时每刻遭受着身体和心灵上的伤害。有一次，他被造反派做"土飞机"时，一个丧心病狂的坏分子竟然把他的一缕头发带着皮扯了下来，鲜血流了一地。

1967年的除夕夜，家人准备好简单的饭菜等待父亲回来，却迟迟不见父亲人影。那一天，造反派批斗父亲的会议一直延续到大年初一的凌晨。受尽了屈辱和伤害的父亲，在黎明前脚步蹒跚地回到家里，没有跟家人说一句话，那种悲痛、绝望的眼神让人心疼得不得了。

原来，父亲在这次批斗会上被群众"开除"了党籍。父亲迈着沉重的脚步径直走到床边，和衣倒在床上，满眼噙着泪水，悲愤地自问："37年的党籍，就这样开除了？"

父亲的60周岁生日也是在被批斗中度过的，他在那天背着贴有"大叛徒刘毓标"字条的背包，前往五七干校接受审查和批斗。在五七干校期间，造反派让父亲在寒冷的冬天睡在阴冷潮湿的猪圈里，连稻草都不让铺，使年迈的他落下了肺气肿的病根。

1970年9月，父亲胃病发作，连续4天不能吃饭，连水都喝不了。造反派不仅不同意父亲看病，甚至还污蔑他是故意对抗审查。中秋节的晚上，父亲因为急性胃穿孔伴发心绞痛而疼得满地打滚，造反派才同意让几个"难友"用平板车拉着父亲去医院救治。

好心的难友用平板车拉着父亲颠簸了几里山路，将他送到"五七"干校医院抢救。因为病情重，需要回南京治疗，造反派让母亲来接父亲去南京。母亲赶到干校医院时，父亲身体极其虚弱，断断续续地对她说："你们要想办法救我，我的问题还没有澄清，现在不能死！"

干校医院离火车站大概有3公里多的路，造反派不提供任何交通工具，母亲只得搀扶着父亲，三步一停五步一歇地走到火车站，足足走了4个小时才到。回到南京后，父亲立刻被送进了医院抢救治疗。

直到1972年10月，父亲才恢复了组织生活。

面对"文化大革命"的十年磨难,父亲始终坚持了爱憎分明的政治立场。在遭受批斗的折磨时,父亲考虑最多的还是党和国家的命运,他对林彪、江青反革命集团的倒行逆施深恶痛绝。

那个时候,父亲常常忧心忡忡地对家人说:"这么个搞法,搞得生产下降,生活困难,群情怨愤,好人受气,坏人得志,怎么得了啊!"

但是,父亲坚信党和人民一定能够战胜邪恶势力,表现出了一个老共产党人"先天下之忧而忧"的高尚情怀和坚持真理的政治情操。

拨云见日,还原历史

面对是非混淆、蒙冤受屈的情况,视政治声誉如生命的父亲感到心情十分沉重。有很多次父亲对家人这样说过:"这种压力比当年坐牢时都要大!"但是,即便是长期被怀疑、被冤枉,并且在精神上、肉体上遭受各种严重的折磨和痛苦,父亲没有忘记自己是一名共产党员,他从来没有改变对人民的忠诚,也没有停止对革命事业的追求,仍然忍辱负重、不计名位地积极工作,充分展示了一名老共产党员的宽广胸怀和坚强党性。

父亲转业到江苏省民政厅担任党组书记、副厅长后,挑起了全面主持民政工作的重担。在工作中,父亲仍然保持着战争年代的那一股劲和老红军的本色,本着对人民群众的事情高度负责的精神，经常亲自深入农村访贫问苦，哪里有灾情就到哪里去，深入到第一线组织救灾救济工作。

虽然已经不是"军人"了，但是，父亲对人民军队仍然有着血肉相连的深厚感情，在领导全省的拥军优属工作中总是亲力亲为，每逢新春佳节父亲还会到部队慰问子弟兵。父亲对人民政权有着高度负责的政治责任感，在指导全省的基层政权建设和人事管理工作上总是表现得慎重稳妥。父亲还十分关注全省的社会福利工作，千方百计地解决鳏寡孤独和残疾人的生活困难，把党的关怀和温暖送到千家万户。

在粉碎"四人帮"、结束长达10年的"文化大革命"之后，江苏省委在1977年秋天安排父亲担任省革委会的顾问，着手重组民政厅。面对百废待兴的局面，年近七十的父亲不顾体弱多病的身体，欣然接受了省委的任命。

父亲感到自己年事已高，格外珍惜党给他的每一份工作、每一个任务。担任江苏省革委会顾问的职务之后，父亲便在第一时间以饱满的热情投入到了工作之中，以最快的速度组建了江苏省民政厅，并出任厅长。

上任之后，父亲立即着手拨乱反正，使遭到严重破坏的全省民政工作重新走上了健康发展的轨道。在江苏省民政厅重组期间，物资匮乏，整个民政厅只有一辆十分破旧的吉普车，父亲完全不介意它轰隆隆的响声和行驶在路上的颠簸，乘坐着这辆旧车东奔西走。在民政厅的办公地点还没有确定之前，绝大部分会议都是在我们家里召开的。

父亲一生淡泊名利，但十分珍视自己的政治声誉。从1955年到"文化大革命"结束，父亲曾经数十次向军队、地方党的组织提出申诉，要求组织上对他的历史问题进行复查，作出符合事实的公正结论。

党的十一届三中全会后，江苏省委对父亲的历史问题进行了认真负责的复查，他们在浙江、江西、北京等地查阅了大量原始材料，找到了当年参与伏击、押送、审讯父亲的敌伪人员和同狱的难友，以确凿无疑的铁证，否定了敌人为了欺骗宣传而伪造的材料，在1980年7月10日作出的"关于刘毓标同志被俘问题复查报告的批复"中指出"刘毓标同志1937年3月被俘问题，已经审查清楚，没有问题。刘毓标同志被俘期间的表现是好的，保持了共产党员的革命气节……'悬案'结论，予以撤销"，终于还原了历史的本来面目，结束了这长达25年的冤案。

这份父亲期盼多年的正确结论终于送到他的手中之时，已经72岁高龄的父亲感慨万千，不禁老泪纵横。作为一名终身为党的事业奋斗的共产党员，没有什么能比党的理解和信任更让人感到欣慰的了。后来，经中央批准，父亲被定为省长级待遇，总政治部也下发了改定父亲为行政七级的通知。

父亲积极响应党中央关于实现领导干部新老交替和年轻化的号召，于1979年4月15日上书江苏省委恳请辞去担任的一线领导职务，表现了一个老共产党员无私的风尚。同年，父亲退居二线，出任江苏省政协副主席，一直工作到1984年离休。

第八章
是军人也是普通人

- 将军也有爱情
- 以身作则育子成人
- 心系家乡父老
- 最后的旅程

父亲是党的好儿女,是众人眼中的好干部,无时无刻不在为党和人民的事业尽着自己的一份力;回到家里,脱去那一身坚挺的军服,父亲便成了一个普通人——与妻子风雨同舟几十年的丈夫、对子女关爱有加的父亲。

将军也有爱情

在父亲蒙受冤屈的二十几年里,母亲一直对他不离不弃,充分信任他,并给予他精心的陪护和照顾,全力支持他的事业。父母之间浓厚的夫妻感情深深地影响了我们,让我们更加珍惜人与人之间的情感。

父亲和母亲相识于1941年,相知相守50多年,互相之间的理解、包容与帮助俨然成了一种默契。

母亲是地道的上海人,1917年出生于上海市闸北区一户普通市民的家庭里。由于生活拮据,聪明懂事的母亲在13岁的小小年纪就进入了一家织布厂做了童工,赚取微薄的薪水贴补家用。1937年,"八·一三"抗战爆发,母亲的家乡宝山县刘行镇正是日军一个主要登陆点,她的外祖父和外祖母被日本侵略军残忍杀害。

从青年时代起,母亲接受了进步思想的熏陶,积极追求真理与光明,日军侵华带来的阶级仇、民族恨,也使母亲以朴素的阶级感情自觉接受了党的影响,成了工人运动的积极分子。

1938年初,母亲进入上海海宁洋行做工,在工厂地下党组织的领导下,她参加了工人救亡协会并任负责人之一,积极组织工人宣传抗日，并多次与资本家作斗争，组织工友开展罢工运动。

1940年12月，母亲毅然离开繁华的大上海，在党组织的介绍下奔赴苏北盐城参加新四军，投身到伟大的抗日战争洪流中，并进入华中抗大学习，系统地接受马列主义和救亡图存宣传教育。由于思想进步、表现突出，1941年2月光荣加入了中国共产党。

1941年5月1日，母亲从抗大毕业，被留校在女生二队任副队长，积极组织带领大家参加学习、训练，弘扬抗大精神。父亲当时是抗大五分校政治部副主任兼组织科长，两人就这样被缘分拉到了一起。

初次见面，母亲便觉得父亲是一个很直爽的人，完全没有领导的架子，十分平易近人。父亲向母亲做了自我介绍，将他1937年3月因负重伤被俘的经过告诉了母亲，并将组织上对他被俘的结论也告诉了母亲。

当时母亲思想非常单纯，了解了父亲之后，认为在敌人的法庭上英勇斗争、经受了敌人的严刑拷打、视死如归的父亲是一位大英雄，对他十分敬重。

1941年6月，父亲调任新四军后方政治部组织科长。那时候虽然两人见面很少，也没有通信，但他们的心已经彼此相通了。

1941年7月，因日军对盐城地区进行了大"扫荡"，抗大五分校被迫撤离了盐城。母亲奉调去军部工作，带了两位怀孕的女同志（都是领导同志的爱人）去找军部。母亲等三人整理好简单的行李便从盐城西门出了城，来到河边的时候正巧遇上联抗政治部的船，随后就搭他们的船去军部。

刚刚离开盐城不久，鬼子的汽艇就进入了盐城，母亲她们的船在小河里躲了一天。日军的这次"扫荡"，给培养抗战文艺干部和文艺工作者的鲁迅艺术学院造成了重创。军部随即下达通知，要求各部队收容母亲等这些流失人员，因此，母亲在三师二十团随部队行动了一个多月的时间。

由于消息不通，父亲以为母亲已经牺牲，悲痛万分。到了9月上旬，母亲终于找到了军部并见到了父亲，两人生死重逢，悲喜交加。

此后不久，父亲与母亲经过组织的批准正式结了婚，从那时起，母亲以战士、贤妻、慈母的多重身份，与父亲携手走上了婚后的风雨人生路。

1942年3月，母亲奉调新四军军部电台协理处任政治干事。在极其险恶的环境下，母亲坚决贯彻军部的指示精神，不怕牺牲，积极发动群众参加开辟根据地和反"扫荡"的斗争，她一个人既当宣传员，又当战斗员，用实际行动确保了军部政令畅通和军部首长的安全。

同年12月，战争形势恶化，日军向苏北根据地大肆"扫荡"，新四军部队实行精兵简政，军部也转移至淮南，父亲调到六师十八旅五十二团任政委。那时候母亲已经怀孕了，她在地方组织的护送下安全地回到了上海，并生下了第一个孩子。

1943年夏天，已经半年没有见到父亲的母亲，带着只有4个月大的孩子回到了淮南。父亲这时候已经调任了抗大八分校政委，专门负责培养抗日部队的基层指挥员。母亲在地下党工作人员的保护下来到了天长县的汊涧镇，在这里遇见了抗大八分校的两位工作人员，随后跟着他们去了千棵柳的八分校校部。

第八章 是军人也是普通人

当时父亲正在开会，有人走进来小声告诉他"你爱人带着孩子回来了"。父亲十分想念母亲，并且对还没有见过面的孩子也很挂心，但他没有分心，一直坚持到会议结束，做完了一天的工作后才去见了母亲。

与母亲见面后，父亲十分高兴，他这是第一次见到了自己的孩子，抱着孩子又亲又吻，久久不愿放手。母亲本来对父亲这么晚才来看她和孩子有些意见，但是看到这个情景，她便把刚才的那些情绪全部抛到了九霄云外去了。

1945年日军战败投降，父亲被调任津浦路东分区副政委，随着形势变化，又调任津浦路西分区副政委兼六旅副政委。1946年夏，国民党破坏了停战协定，在苏中发动了大规模内战。七战七捷之后，父亲从淮南调任新组建的三十一旅政委，和旅长段焕竞叔叔一起带领部队进行了十分艰苦的通榆公路阻击战。此时，母亲也调到了三十一旅工作。

在战争年代，母亲不畏艰险，英勇斗争，直至成长为一名成熟的革命者，为战争的胜利作出了贡献。

在解放战争中，母亲留守后方，一方面坚持斗争，另一方面把孩子和家庭料理得井井有条，从不让父亲为私事分心，以保证他能放心地在前线完成作战任务。

淮海战役时，部队生活十分艰苦，已经数月没有见到父亲的母亲十分思念自己的丈夫，也担心他的身体，便和其他女同志一起想办法给前线的同志改善生活，她们用孩子的保育费买了螃蟹，将蟹肉和蟹黄剥出来和猪油熬在一起，然后装在罐子里，托通讯员带到前方，以这种方式尽一点支前的义务。

建国前夕，母亲在1949年7月调任了华东军政委员会干部医院政治指导员，建国后又调任了二十九军托儿所政治指导

员，后担任华东军区装甲兵司令部副协理员、政治部组织科干事。1959年转业到了南京七二〇厂，先后任组织科副科长、组织部部长等职，直到1981年5月离休。

1955年离开部队前留影

1998年在北京医院，赵倩探望邓六金大姐（右）

父亲与母亲牵手走过了56年的时光。在这漫长的岁月中，有两地相隔的挂念、有胜利重逢的喜悦、有儿女降生的幸福，更有在逆境中相互支撑的坚强。特别是在"文化大革命"中，母亲以她坚定不移的信念、淡定从容的胸怀和坚韧不屈的意志，成为父亲的支柱和全家的灵魂！

父亲和母亲用时间证明了自己的爱情，用行动互相扶持着走过了坎坷的一生。无论面对什么样的艰难困苦，只要两个人的心在一起，生活永远充满着希望！

1966 年在南京傅佐路 31 号寓所　　　　1973 年在庐山仙人洞

1980 年，甘苦同尝、荣辱与共、相濡以沫的老两口

第八章　是军人也是普通人

1987年，刘毓标80寿辰时合影

1988年在江苏海安

第八章 是军人也是普通人

以身作则育子成人

父亲母亲一共生育了我们6个子女，因为父亲工作十分繁忙，他很少有时间照顾我们几个孩子的生活和学习。即便如此，他也一直以身作则，用诚信、认真、热心的言行对我们的性格塑造产生了潜移默化的影响。

因为与孩子在一起的时间很少，父亲总是十分珍惜每一分每一秒。农民出身的父亲在工作之余没有什么特别的业余爱好，若是家里有事做——例如修理门窗、桌椅，他就尽量帮助母亲把这些事情解决好，没事情做的时候，他便常常带着我们几个孩子在院子里"开荒种地"。

1956年在江苏南京，全家与赵倩父亲母亲合影

· 147 ·

父亲在长期的简朴生活中养成了热爱劳动、勤俭节约的习惯，看到院子里有空地，就发动孩子们跟他一起挖地、播种、浇水、施肥，种一些应季的蔬菜。在这个过程中，父亲恰如其分地培养了孩子们艰苦奋斗、勤俭朴素的好品质。

父亲小时候只上过两年私塾，在他的回忆中，那两年的读书生活总是让他十分流连，毕竟那个年代佃户家的孩子很少能够这样幸运地进入知识的殿堂。我们陆续上学之后，父亲对我们的学习抓得很紧，他没时间的时候就叮嘱母亲多关照我们的学习情况。因为父亲常常出差，所以我们经常写信给他，他在读信的同时总是不遗余力地将所有的错别字圈点出来，甚至将使用不当的标点符号也做了修改，利用这点机会对孩子的学习进行监督和辅导。

1960年，全家合影

第八章 是军人也是普通人

在对我们直接帮助和教育的同时,父亲更多的是通过在工作中的言行对我们进行影响和教育。

有一次,父亲到苏北盐城出差。在多年前的抗战时期,父亲曾经在那里战斗过,这一次重返故地,他对这个城市表现出了特别的感情。盐城地委和军分区领导得知父亲过去在当地的奋斗历史,对他去检查工作很重视,把他单独安排在接待外国专家的小招待所。父亲住下后发现同去的工作人员不见了,当即发了脾气,责问说:"同我来的同志住哪儿了,为什么把我们分开?让我搞特殊化、脱离群众,我不喜欢这一套!"工作人员明白父亲发脾气不是对哪个人有意见,而是对搞特殊化、区分等级、脱离群众的做法有意见,赶紧说明了情况,重新做了安排。

父亲的一生都对脱离群众、损害人民利益的行为疾恶如仇、深恶痛绝。他经常对我们说:"公家的便宜不能占。尽想着揩油,多吃多拿,脱离群众,终究要塌台子!"

20世纪80年代时,国家规定了领导干部的住房标准。年过七旬的父亲硬是猫着腰蹲在地上用皮尺丈量了每一个房间的尺寸,连楼梯拐角的亭子间也没有遗漏,然后再戴上老花镜打着算盘,在纸上写写画画,认真计算房间面积,生怕超过了规定的标准。

"出国潮"盛行之时,有机关工作人员跟父亲说:"刘老呀!人家年轻干部都出国考察、看现代化了,什么时候安排你出国看一看?"父亲听了微笑着说道:"我不要看了,我出过国了,抗美援朝到朝鲜打过仗。现在把这点外汇省下来,让年轻人出去,年轻人要干活、要搞现代化的。"

父亲就是这样,总是处处为别人着想,这一点令我们几个孩子都深有体会。

父亲对请客送礼这些习俗也是非常不喜欢的，即便只是从前的老部下从家乡拿点土特产来看望他，他也不愿随便收下。父亲总是教育我们：廉明或贪腐，是真革命和假革命的试金石、分水岭。不受尘埃半点侵，竹篱茅舍自甘心，这才算作真革命。那些嘴上做"公仆"，实则当"主子"，贪腐成性的人物，哪还有一丝一毫革命者的气味！这种人物终究要塌台子，被历史、被人民唾弃！

当我们走上领导岗位后，父母仍然十分重视对我们的教育，尤其是父亲。

1996年的春节，在父亲的倡议下，全家召开了一次"家庭支部会"，父母、儿女6人、媳婿6人，共14名共产党员全部参加。这时候父亲已经离休很久了，这样的会议，再一次让他担任了"主持"。

1996年，全家合影

第八章 是军人也是普通人

2007年，赵倩90周岁寿辰时合影

父亲在会上说："在改革开放的新形势下，出现了许多新情况新问题，但有一条没有变，那就是我们党'全心全意为人民服务'的宗旨没有变，所以对党员的要求也没有变。你们不管在什么岗位上，首先要想到自己是一名党员，要以身作则起带头作用，绝不能做有损于党员形象、有损于革命家庭的事。我和你们的母亲革命一生，清白一世，所作所为，问心无愧。希望你们继承前辈的光荣传统，做一个对党忠诚、对人民有益的人，不要留下污点。不仅你们要这样做，还要把这个道理讲给你们的孩子与后辈听。"

随后，父亲又在家里组织召开了"支部扩大会议"，吸收了6个孙辈参加，父亲、母亲分别在会上讲述了自己的家史和革命史，教育子孙要永不忘本。

心系家乡父老

父亲对浸透了烈士鲜血的红土地和老区人民,有着血肉相连的深厚感情,对家乡也十分眷恋。父亲是党的儿子,也是家乡葛源的儿子。

多年来,父亲十分关心家乡的经济建设和社会发展,尽己所能,做了许多工作。1987年到1995年间,经受了多年的苦难的父亲的待遇和级别逐步恢复,这让他有了更多的精力和物力投入到回报家乡、回报老区上。

1991年10月,上饶地委、横峰县委领导来南京办事的时候来到家里看望了父亲,并征询父亲对家乡有什么要求,父亲不无感慨地说道:"我没别的要求,就是想经常听到、看到家乡发展,家乡人民幸福生活的消息。"

虽然年老体弱的父亲不能再像年轻时那样凡事亲力亲为了,但是,他还是用自己的方式关心着家乡的建设,当时的《赣东北报》和改版后的《上饶日报》成了他每天必不可少的读物。

1995年,父亲从报纸上得知家乡群众到河对岸种田行走不便时,当即拿出2万元给葛源村委会建桥修路。然而,新桥建成之际,父亲已溘然离世,他终究没有看到家乡人走在他援建的桥上的喜悦之情,但是,只要能为家乡人做点事情,他在天堂也会感到格外欣慰。

新桥建成之后,家乡人提出用父亲的名字为新桥命名,以表纪念。母亲却坚决不同意，她说："老头子一辈子做人做事都低调，怕张扬，我和孩子们商量过，要命名就叫'红军桥'吧，让后人不要忘记红军，这也是老头子的心愿。"

1996年，卧病在床的父亲听闻老家葛源偏远的山村还有孩子读不起书，心里十分难过，他对母亲说："我20岁离开家乡，没有为家乡的人民做多少事。我们拿点钱，帮帮那些上不起学的孩子，也为家乡再尽点心吧！"

深知父亲心思的母亲连忙从仅有的5万元存款中取出2万元，赠予了横峰葛源中学，鼓励老区人民子女努力学习、报效祖国。后来，葛源中学用这2万元钱建立了"刘毓标、赵倩扶贫助学奖励基金"，让父亲和母亲的一番心意得以用这种方式传承下去。

父亲生前一直想为葛源建一个图书馆，让家乡的人能够接触更多知识、读到更多好书。2008年10月，在纪念父亲诞辰100周年的日子里，我们兄弟姐妹和孩子们来到葛源中学，捐赠20万元修建了横峰县葛源中学图书馆，帮助父亲实现了他最后的心愿。

家乡，永远是父亲心中最牵挂的地方；父老乡亲，永远是父亲心中最牵挂的人！

最后的旅程

在回顾建国后的坎坷经历时，父亲曾经说过一段让我印象非常深刻的话："我的悲剧不是哪一个人造成的，而是党的悲剧的缩影,有着鲜明的时代烙印。'悬案'的结论,酝酿于'反右'扩大化之时,批准于'庐山会议'之后,是那个时代的产物。而后来的平反,也完全是党纠正了'左'的错误,重新确立了实事求是的思想路线的必然结果。没有党的十一届三中全会之后的拨乱反正,也就没有我的政治新生。"这番话充分反映了父亲作为一个老共产党员的宽广胸怀。

离休之后,父亲一直过着恬淡的平民生活,享受着作为一名普通人的平凡的幸福。但是,干了一辈子革命的父亲,依然通过各种方式关注着党的事业的发展变化,与党和人民同呼吸共命运,十分关心党的命运前途,十分关心国家的改革和开放,十分关心人民的幸福。

1995 年在浙江普陀佛顶山

第八章 是军人也是普通人

1996 年在家中

2007 年在南京中山陵

　　只要身体状况允许，父亲总是积极地参加省委、省政协组织的各种咨询、议政活动，每一次他都认真准备，直抒胸臆。

父亲衷心拥护党的十一届三中全会以来的路线方针政策，反对各种不符合党性原则和违反党的纪律的言行。

刚正不阿、疾恶如仇的父亲对请客送礼、行贿受贿、跑官要官、滥用职权等腐败现象深恶痛绝，年迈的他经常教育从事组织人事工作的子女们要拒腐防变，为党掌好权、用好权，把好选拔干部、使用干部的重要关口。

1997年4月4日晚，父亲因呼吸衰竭而昏迷，被抢救苏醒后，他用微弱的气息对守护在身边的母亲和我们这些孩子说："明天，是我参加革命70周年的日子，这是比生日更重要的日子，我们要一起庆贺。没有党和毛主席领导闹革命，没有方志敏、程伯谦带领着我参加革命，就没有我们一家。"他还说，"现在，有党中央的正确领导，国家和人民生活一天比一天好，我没有什么不放心的。看到今天，我们过去的血没有白流。没有过去的奋斗，就没有今天；但没有今天，过去的奋斗也就等于零。"

住院期间，父亲虽然病得很重，却仍然时时关心着别人。好几次在昏迷之后被抢救过来，父亲说的第一句话是对医护人员的感谢。临终前几天，在说话已十分困难的情况下，他还嘱咐安徽省军区的一位领导同志，要照顾好在合肥休养的红军时期的两位战友。

最后的抢救是十分痛苦的，父亲身上插了6根管子，但从来没有哼过一声，这是他从战争年代保持下来的顽强不屈的精神。他在弥留之际仍然对党的事业充满着必胜的信心。

父亲病重的日子里，省领导、老战友多次到医院看望、慰问，给了他莫大的安慰和支持。战争年代的老战友、南京军区原副司令员段焕竞同志不顾重病缠身，3次到医院探望。许多

第八章 是军人也是普通人

老战友在父亲的病榻前热泪盈眶，不能自持。省委陈焕友书记委托陆军副秘书长几次到医院慰问。郑斯林省长、省委许仲林副书记不顾公务繁忙，亲到医院看望，并指示医院想尽一切办法，不惜一切代价抢救父亲这位老红军。

省政协孙颔主席，胡福明、段绪申、沙人麟副主席及几位秘书长也多次到医院看望父亲，了解他的病情，与医护人员研究救治方案。省委组织部部长、省委老干部局陈尧局长等也数次到医院，关心父亲的抢救与治疗。省领导及老战友的关心，使父亲在生命的最后历程中，深深感受到了组织的温暖和战友的情谊，极大地鼓舞了他与病痛作斗争的意志和勇气。

虽经江苏省人民医院程蕴琳主任等医护人员的全力抢救，但父亲终因病情恶化，于1997年4月25日永远地离开了我们。

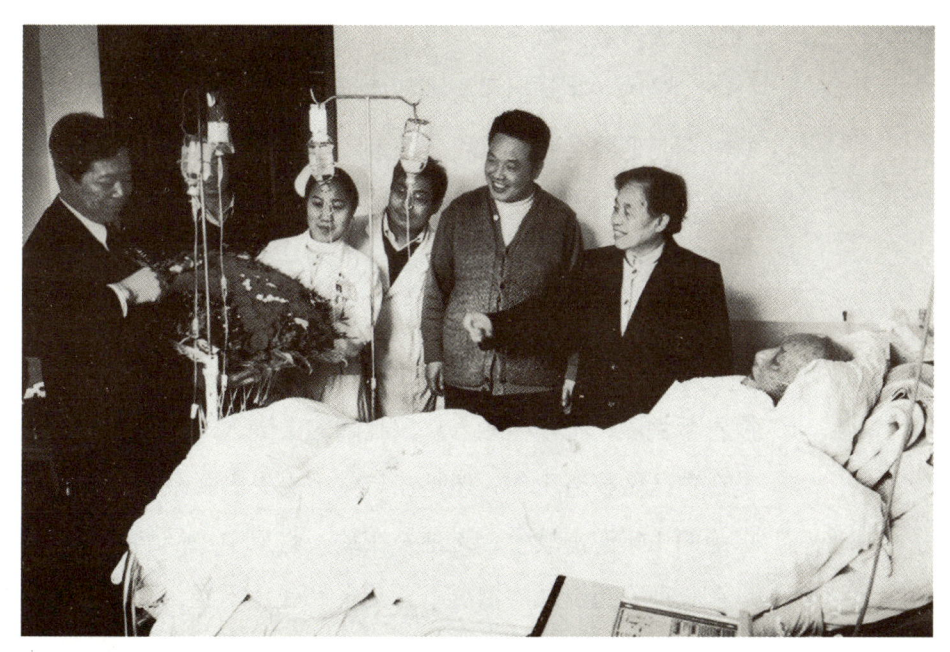

1997年4月5日，是刘毓标参加革命70周年纪念日。江苏省政协的领导和同志们专门做了一个红五星和八一图案的花篮，送到病榻前表示祝贺。这是刘毓标生前最后的留影

· 157 ·

我的父亲刘毓标
——开国将军的戎马人生

父亲的一生是具有传奇色彩的一生。出生在江西省横峰县葛源乡店前街一个赤贫的农民家庭中的父亲，因为风水先生的"预言"而得到了两年多的私塾教育，成为兄弟姐妹9人中唯一读过书的"文化人"。

父亲任红军团政委时，在作战中被敌人打中一枪，头部被敌人用刀砍伤6处，脑脊液外流，在几乎没有医治的情况下，竟然活过来了。后来在"文化大革命"中，父亲受造反派迫害，导致胃穿孔，因为当时体质虚弱，医疗条件差，无法手术，但胃穿孔处竟然与腹壁长在一起，奇迹般地愈合了。父亲说自己是"饿不死、打不死、整不死"。

父亲的一生是光辉的一生。因为功勋卓著，1955年在建国后首次举行的授衔典礼中，父亲被授予了少将军衔，是共和国的开国将军之一，并被授予二级八一勋章、一级独立自由勋章、一级解放勋章。

父亲的一生是历尽磨难和坎坷的一生。红军时期和抗日战争时期，他骁勇善战，冲锋在前，在担任团、师指挥员期间，十余次身负重伤，留下了遍体刀疤和弹痕。建国之后，由于"左"的思想影响，父亲又蒙受了长达20多年的冤屈，遭受了常人难以想象的精神和肉体上的折磨。

父亲的一生是对革命事业忠贞不渝的一生。他在紧要关头投身革命后，把毕生融入波澜壮阔的中国人民革命事业。无论是在白区做秘密工作，还是在与党中央失去联系独立坚持艰苦卓绝的3年游击战争；无论是在敌人监狱中遭受酷刑拷打，还是在长期蒙冤受屈的情况下，父亲都威武不屈，百折不挠，对自己选择的革命道路无怨无悔，对党的事业忠心耿耿，矢志不渝，这是他一生最突出的特点和最宝贵的优秀品质。

第八章 是军人也是普通人

父亲逝世之后，江苏省精心组织了隆重的悼念送别仪式，南京军区发来唁电，给他以极大的哀荣，许多同志以各种形式表达了对他的深切怀念之情，使我们全家深受感动和安慰。有的老同志站在父亲的遗像前，热泪长流，泣不成声；有的老同志在老伴刚刚去世不满一周的情况下，坚持从外地赶来送别；有的老同志不能行走，就让家人用轮椅推着来同他告别……到家里来向他告别的有 400 余人，参加送别仪式的超过了千人，大家以最真挚的感情，送了父亲最后一程。

治丧期间，许多老同志都对我们说过这样一句相同的话："毓标是我们一生中最敬重的战友和领导之一。"相信如果父亲在九泉之下能够听到这句评语，也该含笑了。

第九章
战友怀念，留芳在人间

- 怀念益友刘毓标
- 怀念刘毓标政委
- 怀念刘毓标同志
- 永远怀念刘毓标同志
- 深切怀念老政委刘毓标同志
- 人民的儿子，学习的榜样——深切怀念老首长刘毓标同志
- 丹心铁骨，功勋壮烈，永昭日月——深切怀念老首长刘毓标政委
- 深切怀念刘毓标政委在抗大
- 深切的怀念——忆刘毓标政委二三事
- 深切怀念敬爱的老政委刘毓标同志
- 耿耿一生是正气
- 深切怀念老政委刘毓标同志
- 刘毓标政委是我们永远学习的榜样
- 深切怀念刘毓标老首长
- 缅怀我们的老政委刘毓标同志
- 精神风范昭后人——忆刘毓标政委
- 追悼老政委刘毓标同志
- 怀念刘毓标同志
- 尊敬的刘老，我们深切怀念您
- 忠诚的坚定的马克思列宁主义战士——深切悼念刘毓标同志
- 刘老永远活在我们心里

怀念益友刘毓标

1997年4月25日，听到刘毓标同志逝世的消息，我心里十分悲痛。失去一位多年挚友和兄长，心情自然是沉重的。痛定思痛，长夜静思，又不禁为故人庆幸。毓标同志一生是历尽磨难和坎坷的一生。红军时期和抗日战争时期，他骁勇善战，冲锋在前，在担任团、师指挥员期间，十余次身负重伤，留下了遍体刀疤和弹痕。建国之后，由于"左"的思想影响，他蒙冤受屈长达20多年，遭受了常人难以想象的精神和肉体折磨，居然寿长活到90高龄，不能不说是个奇迹。我与毓标同志相识50多年了，往事一幕幕映在眼前，最使我难以忘怀的，是1946年我与毓标同志在新成立的三十一旅作战的那不平凡的日日夜夜。

1946年9月中旬，华中野战军首长为适应斗争形势需要，下令组建第三十一旅。组建后的第三十一旅，归华中野战军第七纵队建制。9月23日，第三十一旅在江苏省东台县正式成立。这时我有幸直接和刘毓标同志搭档，我是旅长，他是政委。早就听别人介绍，刘毓标同志是1927年就参加了革命，参加过方志敏同志领导的著名的"弋（阳）横（峰）暴动"。红军长征后，坚持了艰苦卓绝的南方三年游击战争，在战斗中负重伤被俘入狱。在狱中宁死不屈，严守党的秘密。"七七事变"爆发后，经粟裕、刘英派出的与国民党谈判的代表、红军挺进师参谋长陈铁君与敌人交涉，被营救出狱。抗日战争时期，刘毓标同志参加了开辟茅山抗日根据地和苏北、苏中、苏南、淮南等地的反"扫荡"、反"清乡"、反顽固派的斗争，在与日军作战中再次身负重伤。他在较长时期担任干部学校、抗大分校的领导工作，积极贯彻党和毛主席制定的教育方针，为党和军队培养输送了大批优秀军政干部。

没有想到，三十一旅一成立，一系列的大仗、恶仗一连串地考验我们。首先，就是通榆线阻击战。主力部队战略转移了，敌后斗争主要由我们七纵挑大梁。华中野战军司令员粟裕还加重语气对第七纵队司令员管文蔚说："你们一定要在东线把敌人牵制住，不让敌人从东侧向两淮进犯。"邓子恢同志也一再叮咛："陈军长等已决定在北边打一两个大仗；你们在东线的阻击任务，从东台到射阳河，一定要节节抵抗，不能让东面那路敌人过来，千万千万。"

根据华野指示和纵队命令，我三十一旅全部在海安以北，东台以南公路段，阻击进犯之敌于东台外围。刘毓标同志根据阻击特点，适时地对全旅进行战前思想政治工作动员。当时，有的同志认为阻击战是消耗战，特别是敌人兵力强火力强，我只有人员伤亡、弹药消耗而谈不上缴获，因而存在消极情绪。但是，为了整体的胜利，局部付出消耗和牺牲是必要的。旅里几个领导统一认识，认为这次阻击是长距离、长时间的连续阻击，为我军以往极少有；作战指导上，力求尽量多杀伤敌人，又要尽可能地保存自己。刘毓标同志在战前，指示各部队抓紧战斗间隙，在部队中进行形势与任务教育，大力宣传七战七捷的光辉胜利。各级党委（支部）召开了动员会，决心打好主力北上后的通榆线阻击战，为人民再立新功。战斗中，刘毓标总是亲临战斗第一线，发挥战斗中政治思想工作的作用。针对

第九章 战友怀念，留芳在人间

· 163 ·

第三十一旅指战员首次经历敌空中、地面立体攻击的情况，旅政治部及时提出了"飞机不能捉俘虏，大炮不能拼刺刀"的口号，使指战员以压倒一切的英雄气概，蔑视敌人的飞机大炮，敢于斗争，善于斗争。战斗中及时传播各战场尤其是华野、山野主力在苏北、鲁南的胜利喜讯，鼓舞大家英勇杀敌。特别在富安阻击战中，国民党第一绥靖区司令员李默庵，调集整编第八十三、第六十五、第六十七师等十个团的兵力，由海安、溱潼大举北犯，扬言要一天内拿下安（丰）、梁（垛）、富（安），进捣东台城，尔后北上盐阜。从1946年10月13日上午开始，敌数倍于我的兵力在航空兵支援下，向我阻击阵地进行轮番冲击。参加富安阻击战的第三十一旅九十三团指战员，在兄弟团队的协同和地方武装、人民群众的支援配合下，经过六昼夜的激战，打垮了敌人飞机、大炮和地面部队一次次的联合进攻，毙敌近千人，消耗敌炮弹万余发，我仅伤亡百余人。经受住了第三十一旅成立后，也是第九十三团组建后首场恶仗的严峻考验，超额完成了阻敌四天的作战任务，策应了华中野战军主力在涟水地区的作战行动。而这次阻击战的胜利，与刘毓标同志所领导的政治机关积极开展强有力的思想政治工作是分不开的。从富安保卫战开始，火线立功活动就在全旅各团广泛开展起来。"看谁捉的俘虏多，谁缴的枪炮多，谁的战场政治喊话效果好，谁执行俘虏政策好"，等等，大大激发了指战员的革命豪情。富安保卫战刚刚结束，刘毓标同志就指示团里立即表彰了一批英模人物，并叫政治部配合团里很快出版了《守备在富安阵地上（英模事迹纪念手册）》油印小册子，以激励士气，鼓舞斗志。这份珍贵史料，被江苏省东台县历史档案馆收进"东台县'两战'时期重要文献和军事资料"案卷，保存至今。

刘毓标同志虽然和我们永别了，但他在政治工作中实事求是，务实不空谈的作风，永远值得我们学习；他那平易近人、关心同志的道德风尚，永远值得我们学习；他那艰苦朴素、严于律己，对子女要求很严，虚怀若谷、善于学习的精神，永远值得我们学习；他那无上高洁的风范与品德，将灿若日月，彪炳人间。

刘毓标同志永垂不朽！

段焕竞
一九九七年十月

1996年，与段焕竞（左）研究《二十九军八十五师（原十一纵三十一旅）战史》

怀念刘毓标政委

我跟刘毓标政委是 1934 年在皖南认识的。刘政委比我先到皖南，一开始在歙县担任书记，后又任太平中心县委书记。在黟县亲自组织和领导了柯村暴动，日期是 1934 年 8 月 21 日。柯村暴动后，方志敏带着红十军团在谭家桥战斗失利后来到柯村休整。

柯村暴动，建立了皖南新苏区。尽管兵力少，但对国民党当局打击很大，同时也有力地支援了红十军团的军事斗争，有效地牵制了国民党的兵力。方志敏带领的部队来到柯村苏区后，分散安置了五六百名伤员，近万人的部队及时得到了休整，尽快地恢复了战斗力。在这期间，刘政委的工作量是巨大的，既忙部队，又忙地方，休息得很少，非常辛苦，但他把各项工作安排得井然有序，协调得很好，得到了当时红军领导人方志敏、刘畴西、粟裕、刘英等同志的高度肯定。因此，应该说刘毓标同志是作出大贡献的，功不可没。

大概是 1936 年 4 月，皖浙赣省委书记关英在休宁西乡鄣公山的一个庙里召开了省委扩大会。后来因情况有变转移到石屋坑召开，开了一两天，决定成立皖浙赣红军独立团，还具体作了分工。刘毓标同志是省委组织部长兼独立团政委，熊刚是团长。这样一来就由若干支游击队合成了 1000 多人的红军独立团。说实在话，那个时候的人都是"孙悟空"，你有本事，我比你更有本事。这么多人，要让大家心往一块想，劲往一块

第九章 战友怀念，留芳在人间

使，没有点能力是不行的。刘政委到任后，及时找大家谈心，找干部谈，也找战士谈，没日没夜地忙，广泛地发动群众，做好思想政治工作。经过一段时间的整顿，部队官兵一致，拧成一股绳，非常团结。大家作战勇敢，打了不少胜仗，有力地打击了国民党反动派的嚣张气焰。刘政委这个人工作方法很有一套，在实战中积累了丰富的经验。无论做地方党的工作，还是部队党的工作；地方的政治工作，还是部队的政治工作；地方的群众工作，还是部队的士兵工作，都展现了刘毓标同志超人的领导艺术，在部队和地方工作中树立了很高的威信。那个时候，大家有一个体会：千难万难，有了群众就不难。刘政委就是一个善于组织群众、发动群众和做好群众宣传工作的人。正是因为他的出色工作能力，使苏区的全面工作得以展开，取得了一个又一个胜利，并基本上完成了党中央交给的三大任务。

红军独立团的军事斗争是极其艰苦卓绝的，至于后来独立团为什么失败，被国民党冲散，我始终认为在军事指挥上是没有问题的。最主要原因是蒋介石在"西安事变"后依然变本加厉地对游击队进行了"清剿"，致使红军队伍几乎到了弹尽粮绝的地步。有句古话说得好：一天无粮，兵马散。那个围追堵截可不是一般的，而是像水塘里撒网打鱼一样，步步为营，白色恐怖相当厉害。在这艰难条件下，部队的人员、粮食、枪支弹药得不到及时补充，饿死冻死不少，部队的战斗力明显下降。与敌人交战后，数十倍于我的敌人层层包围了我们，尽管我们顽强战斗，但到最后队伍还是被冲散了。因此，在部队被打败、被冲散问题上，我们要辩证地看，要充分相信当时领导人的指挥能力。在每次战斗中，刘政委总是不怕牺牲往前冲，警卫员拉也拉不住。战斗过后，刘政委还要做好大家思想工作，安排人照顾好伤员，很少休息。在一次战斗中，刘政委身负重伤，昏迷中被敌人抓住，身陷囹圄。

在国共合作、共同抗日的大背景下，经党组织营救，刘政委终于出狱，上山寻找部队。但因为白色恐怖厉害，刘政委在山上找了很长时间。有一次，我们行军休息时，一位侦察员发现在一棵松树下齐眉高处吊着一块瓦片，瓦上被打了一个小小的洞，取下来后发现瓦背面绳子上系着一张纸条（有了瓦片遮雨水，纸条就不会淋湿了）。上面写着：急于与部队取得联系，刘毓标。这样一来，我们才知道刘毓标政委还活着。当时我是侦察排长，把这一情况及时地向特委书记王丰庆作了汇报。那时的警惕性高，睡觉都得睁一只眼，王丰庆担心会有意外，就提出在暗地里观察一下。以后，我们在山上又陆续发现了同样的纸条，于是我就对王丰庆说："以目前情况看，刘毓标同志绝对不可能变节投敌，就让他回到咱队伍中观察一段时间。"经王丰庆同志同意，我写了一封信，委托地方党组织转交给刘毓标同志。信写得很简单："到××地方找我们。"刘政委终于回到了部队。

刘毓标政委刚回到队伍，见我们对他依然不信任，表现出了宽阔的胸怀。他经受着组织的考验，并且斩钉截铁地说："我生是共产党的人，死是共产党的鬼。"这句话，虽然过去这么多年了，但我还记得非常清楚。而事实上，当时他任皖浙赣省委组织部长，地方各级党组织的情况他最了解，但从他入狱直至回到部队，地方组织都没有遭受破坏；另外几年前埋藏的200多支枪，是他带着两三个人埋的，也没有被敌人发现。这些情况，都足以证明刘政委是经得起生死考验的。

在以后的岁月里，刘毓标政委始终襟怀坦白，对党、对人民、对革命事业无限忠诚，以自己的实际行动，兢兢业业为部队、为人民办了许许多多好事。这么多年我们生活在一起，战斗在一起，要回忆的东西太多了，我也太了解刘政委的为人了。今天，刘政委离我们而去，我深切地怀念他。缅怀这位老革命家光辉战斗的一生，我们要化悲痛为力量，戒骄戒躁，像他那样，为崇高的革命事业而努力奋斗。

敬爱的老政委，安息吧！

邹志诚
一九九八年三月六日

第九章 战友怀念，留芳在人间

怀念刘毓标同志

未曾见过面的政治委员

1942年冬，日本侵略军大举"扫荡"苏北的前夕，新四军军部驻扎在盐阜地区的停翅港附近。一天夜里，陈毅军长找颜伏同志和我到他家里去谈话，颜伏同志当时是新四军十八旅五十二团参谋长，我是团政治处主任（团长陈挺同志率领三营在江都地区坚持斗争，原政委张英同志和原政治处主任彭冲同志都在党校学习）。陈军长对我们说："现在日军正在准备大举'扫荡'苏北地区，盐阜区军部所在地区是敌人'扫荡'的主要目标，军部准备分散转移到路西（淮南地区）去，谭震林同志将率领军部机关一部分先头人员先走。你们团立即准备南下到敌后去,坚持反'扫荡'斗争。"第二天上午,我到谭震林主任家,报告陈军长的指示并和他告别,他正在急忙准备行装,他对我说,他将派一位干部去五十二团任政治委员,加强五十二团的领导。但未告诉我派去的是谁。我回到团部后,就奉命率领五十二团三营为先头部队,南下高宝地区,在南下途中才听说,刘毓标同志到我团任政治委员。五十二团三营到高宝地区后,当时正在进行精兵简政,主力地方化,三营就被编入高宝团,我任高宝团政治处主任(以后又编为高邮独立团),从此就离开了五十二团,我原是五十二团政治处主任,和团政委刘毓标同志却未曾见过面。原来谭震林同志对我说的派一位同志去任五十二团政治委员,加强五十二团的领导,就是刘毓标同志。

在三十二旅相处的日子

在解放战争的1947年9月间,我从团政治委员被调到旅政治部任主任。这时,我认识了旅政治委员刘毓标同志,从此我和他一起工作,直到我离开陆军调到空军去工作。他给我留下的印象最深的是,为人厚道、正直、没有架子,对同志和下级十分热情,讲原则、没有私心、直爽。我们几个旅干部一起工作,很团结,心情也都很舒畅。他很关心体贴干部,他是一位老红军,不愧为一位老红军的楷模。我从他身上学到许多我军的优良传统。他的榜样作用鼓舞着我的进步,实际上他也是我参加革命后的一位好老师,这点我至今难忘。

在淮海战场上

正当黄伯韬兵团被我四、六、八、九纵队合围于碾庄圩

第九章 战友怀念，留芳在人间

时，蒋介石令邱清泉、李弥两兵团从徐州方向出动，星夜沿陇海路两侧向东驰援，企图解救黄伯韬兵团之危。我十一纵队奉命离开东路战场，急奔徐州以东地区，配合七纵、十纵阻击东援之敌。十一纵任务是配合七纵阻击邱清泉兵团东援的进攻，保证包围黄伯韬部的我部侧翼的安全。我三十二旅午夜赶到三十一旅后侧黑山一带阻击阵地，赶筑防御工事，后于拂晓接替三十一旅，担任继续阻击任务。战斗进行得非常激烈，为了靠前指挥，旅指挥所就设在战壕后边。此地荒无人烟，借破烂的小草房作指挥所。黑山阻击战的激烈程度和困难的环境，可以说是我旅参加整个淮海战役过程中最艰苦、最激烈、伤亡最大的十天。淮海战役历时65天，一个战斗接着一个战斗，生活在荒野中，冰天雪地，生活非常艰苦，有时粮食供应不上，饭吃不上，也没有油和盐吃，只好吃点山芋充饥，没有烟抽用黄豆叶代替。那时，刘毓标同志已40岁，比我大9岁，也是我旅领导干部中年纪最大的一位。但他在战场上吃大苦、耐大劳、奋不顾身的精神，实令人钦佩。我十一纵和兄弟纵队一起，终于把邱清泉、李弥两兵团东援部队阻击在离被包围的黄伯韬兵团30华里以外，保证了华野四、六、八、九和十纵队顺利地执行歼灭黄伯韬兵团任务，宣告我军在淮海战场上首战告捷。

横渡长江

1949年4月，我军发起渡江战役。我二十九军担任东部地区突击渡江任务，我旅二五六团担任突击江阴炮台东侧地段的突击队，旅指挥所跟随二五六团后前进。那时刘毓标同志已担任二十九军政治部主任，为了靠前指挥，他所乘的指挥小汽艇跟随我旅指挥船（民船）前进。在夜黑的江上，汽艇起渡后就发出嘟嘟的响声，目标显得大。只见江阴要塞炮台的炮火对着汽艇射击，炮弹在刘毓标同志所乘的汽艇前后左右不断爆炸。我旅指挥所所乘的民船前进时，靠风帆和桨摇没有声音，目标不大。虽然大家都在敌炮火轰击之下，冒着炮火前进，相比之下，我们民船比有声的汽艇较为安全，我们为刘毓标同志所乘的汽艇担心。

刘毓标同志是一位好同事、好首长，我永远怀念着他。

黄烽

一九九八年三月六日

永远怀念刘毓标同志

刘毓标同志是我敬爱的老首长。1939年刘毓标同志在新四军江北指挥部教导大队任教导员、江北干校任政治处主任时，我就在他领导下学习、工作。一直到抗大五分校，他任政治部副主任兼组织科长，我任大队分总支书记兼指导员，因参加反"扫荡"斗争才分开。解放战争时期他任华东野战军第十一纵队三十二旅政委，后又改称第三野战军第二十九军第八十六师任政委，第二十九军政治部主任、副政委、政委等职，我又在他领导下工作。他长期担任政治工作领导职务，为军队的政治工作建设作出了积极的贡献，为部下树立了榜样。据我所知，刘毓标同志，在旅、师、军党委工作期间，善于做团结

第九章 战友怀念，留芳在人间

工作，尤其是对军事一把手，既不计较小事，也不搞无原则的迁就，尊重军事领导干部意见，从不突出个人，因此大家在一起工作心情舒畅，团结一致。如我在抗大五分校任指导员时，学员中有些自由主义，主要是散布对个别领导不满，我未能及时反映与制止，造成不好影响，当时刘毓标同志发现后及时对我进行批评帮助，对我教育感触很深，使我对是与非、原则问题与非原则问题的认识有所提高。后来在处理个别大队干部搞不正之风这个问题上，我既坚持了原则，又不致把问题扩大化（当时我任大队分总支书记，没有教导员），由此得到政治部副主任兼组织科长刘毓标同志的表扬。

淮海战役第一阶段，我旅奉命配合山东南下的野战军，切断运河铁桥和陇海路，堵截正在向西撤逃的黄百韬兵团。我九十四团各营连，在七架敌机轮番轰炸下，打得非常英勇顽强，最后终于抢占了运河铁桥西岸桥头堡。这次战斗，九十四团共生俘敌副团长以下官兵 900 余人，缴获轻重机枪 30 余挺，卡宾枪、手枪、弹药甚多，有的美国卡宾枪、加拿大手枪整箱还未开封，都被缴获了。旅首长为此给我团发出嘉奖令，表彰我部初战胜利，并提出要戒骄戒躁，继续战斗。同时旅政委刘毓标同志找我和团长孔诚同志谈话，开诚布公指出："这次你们团打了胜仗，缴获不少，这是好的，但你们团有些同志有本位主义思想，把缴获的美国卡宾枪、加拿大手枪打埋伏。部队打了胜仗要遵守纪律，培养好的作风。我的意见，你俩要亲自动员，除按规定留下外，其余全部上交。"由于刘毓标同志及时提醒我们，使我们在这件事情上能妥善加以解决，完全按刘政委要求办了，这说明刘毓标同志做思想工作，总是做在前头，既坚持原则，又充分体现了刘毓标同志团结同志、为人仁厚、

· 173 ·

爱护部下的优良品德。

刘毓标同志教子有方，和爱人赵倩同志一起，对子女要求严格，言传身教，始终保持勤俭朴素的美德，这是我们大家都要向他学习的。

敬爱的老首长，他已经走过了那些战斗的、充实的峥嵘岁月，为中国人民的革命事业立下了不朽战绩。我作为他的一名老部下，永远怀念他！

刘毓标同志永垂不朽！

任球

深切怀念老政委刘毓标同志

我们敬爱的老首长刘毓标同志被病魔夺去了生命，同我们永别了，但他那为党、为革命事业忠贞不渝的精神，高尚自重的品德和平易近人、和蔼可亲的形象，给我留下了深刻的印象，让我永远怀念。我跟刘政委战斗、工作四年多，建立了深厚的感情，现以片断的战斗回忆以寄托我的哀思。

三十二旅诞生

1947年5月15日，根据当时斗争形势的需要，华野十一纵队三十二旅在台北县洋岸灶成立。刘毓标同志调到三十二旅任政委。我们八十九团不久前才从苏北十纵队回归苏中，编为三十二旅九十五团，从此在刘毓标政委的领导和指挥下，坚持苏中敌后斗争。在旅成立大会上，刘政委给部队讲话，分析了苏中敌后斗争形势，要求部队严格执行既是战斗队又是工作队的任务，要组织发动群众进行对敌斗争。

当时华野主力进入山东作战，苏中解放区全部转入坚持局面，国民党军队由点线的进攻，扩大到面的占领，采取极其残酷的镇压手段。敌人在苏中部署了18个团的兵力，并配有保安团、还乡团等地方杂牌武装数万人，实行连续不断的清剿、"扫荡"，到处设立据点，在解放区进行反攻倒算，残酷地捕杀地方干部和人民群众。为了粉碎国民党军队的阴谋，保护群众的利益，恢复失去的阵地，配合山东战场主力作战，我华野十一纵队开创了苏中敌后战场。我三十二旅各团在刘毓标政委的指挥下，配合纵队主力在苏中解放区各地积极打击敌人，先后向海安、李堡、栟茶、丰利等地国民党军队和土顽据点发起进攻，攻克据点20余处，歼敌3000余人，改变了苏中对敌斗争的形势，这是三十二旅成立后首次取得重大胜利。

九十五团南线出击

1947年6月，驻东台的敌人整编四十九师四个团向我台北解放区大举"扫荡"。为了粉碎敌人的"扫荡"，保护军区机关和纵队休整，苏中军区决定了"敌北进，我南进"的作战方针。纵队副司令员胡炳云同志率三十一旅深入南通、海门等地区打击敌人，命令我九十五团进入如皋以西黄桥地区积极活动，拖住如皋以西敌人东援，保证三十一旅和九分区部队的行动。

刘政委亲自找我们团的领导交待任务。他说，你们团这次是单独行动，要按照纵队指示，在一分区政委钟明同志统一领导、指挥下行动；要在地方武装配合下，充分发动群众，依靠群众积极打击敌人，圆满完成纵队交给的任务。

我们九十五团按照纵队首长和刘政委的指示，在南线支队配合下，于6月20日一举攻克曲塘西北15里的虹桥据点，歼敌100余人，缴机枪5挺、步枪100余支，使曲塘、白米、姜堰解放区连成了一片。7月初，我们又强袭了如皋地区的珊瑚庄敌据点，打击了黄桥敌三〇六团和季家市保安团的增援。

此时，东线三十一旅攻克了南通以西的三余镇，"扫荡"台北的敌人已窜回东台，我九十五团奉命北返。九十五团此次苏中南线出击，历时30余天，歼敌500余人，贯彻执行了纵队和旅首长的意图，打击了南线敌人的嚣张气焰，不少土顽、还乡团吓得向江南逃跑，鼓舞了苏中南线军民的斗志，给敌整编四师三〇六团重大杀伤，有力地配合了东线九分区和三十一旅部队作战，粉碎了敌人对我台北地区的"扫荡"。

7月下旬，我九十五团胜利返回沈灶、万盈墩休整，刘毓标政委亲自到我们团慰问，他对全团排以上干部讲话："你们团这次南线行动，取得了很大胜利，是一次军政双丰收！"此次南线出击行动，受到纵队的表扬，对全团指战员是一个极大的鼓舞，纵队文工团还演出了节目，以示慰问。

难忘的渡江战役

1949年春节过后，我们三十二旅改称为二十九军八十六师，我已调九十四团任团长，改为二五六团。为了积极响应毛泽东主席"向长江以南进军"的号召，部队开抵靖江以东长江边进行紧张的渡江作战准备。我们团是兵团渡江的先头突击团，准备工作更要做充分。军事上，针对长江天险的实际情况进行训练、征集船只、侦察地形。同时加强政治准备，召开淮海战役庆功大会，表彰先进，学习党的七届二中全会决议，普遍进行了"将革命进行到底"的教育，开展了渡江作战的思想动员。

4月15日，我们参加了军部召开的营以上干部誓师动员大会。胡炳云军长做了渡江作战战术问题的报告。军政治部主任刘毓标同志进行了政治动员，他给我们讲了渡江作战的五大意义、有利条件和可能遇到的困难。他说，打过长江去，解放全中国，首先是解放京、沪、杭，意义十分重大。这里是国民党的老巢，捣毁了这个老巢，就是从政治上沉重打击了国民党蒋介石反动统治。打过长江去，歼灭残敌100万，就从军事上基本上打败了敌人。长江以南京、沪、杭地区是全国的金融中心、经济命脉，我们解放它，可以建设新中国。打过长江去，才会有真正意义的和平。我们不能对国民党蒋介石有任何幻想，蒋介石准备顽抗到底，我们不能半途而废。此次进军江南，正是为了夺取全国政权。现在各方民主人士云集北平，正是我们建立全国政权的大好时机。不夺取长江以南半壁河山，就无法建立全国政权。

他还分析了渡江作战的有利条件和可能遇到的困难。他说，从军事上看，我军有作战部队300万，加上地方武装有500万，是我军有史以来兵力最多的时期。从政治上讲，我军是胜利之师，处于攻势，士气高涨，全体指战员都强烈要求打过长江去、解放全中国。蒋军残兵败将，已是日薄西山，士气非常低落。从准备工作上看，我军渡江准备工作非常充分，江北人民大力支援我们，江南人民急切盼望我们。有人民的支援，胜利一定是我们的。

第九章　战友怀念，留芳在人间

他说，江南敌军是蒋介石的骨干，顽固分子多，会与我军拼死争斗，我们要有艰苦作战的思想准备。江南是河网地区，而且有长江天险阻挡，我们用木船渡长江，困难会不小。我军还不大适应大兵团作战要求。以上困难都需要我们进一步克服。他号召，全军指战员要服从全局，一切行动听指挥，要相互友爱，团结一致，不骄不躁不轻敌，坚决完成渡江作战任务，为争创渡江英雄、模范单位和个人而努力。

二十九军撤销建制

全国解放初期，中央军委根据当时形势变化和组建海、空军及特种兵的需要，决定撤销二十九军番号，各师改建其他军兵种。我们八十六师改建空军。突然而来的新任务，使有的干部、战士思想转不过弯来。当时担任军政委的刘毓标同志，忙着在军开动员大会，找干部谈话，一个师一个师做深入细致的思想工作。他要求全军干部，特别是共产党员，要带头服从党的大局，一切听从党安排，要站在党的事业、人民解放军建设这个高度去考虑问题，不计较个人得失，坚决服从党中央、中央军委的决定，党安排到那里，就到那里，不讲价钱，不打折扣，当一个合格的好干部、好党员。经过上下反复的思想教育，克服了消极埋怨情绪，全军坚决拥护中央军委的决策，使撤销改建任务顺利完成。

不久，我们八十六师机关和两个团在江苏徐州改建为空军十一师，驻徐州华东军区大郭庄机场。刘毓标同志调来徐州华东装甲兵任政委，我们相互见面格外亲切。我们新转到一个军种，有困难仍去请示刘政委，他给了我们很多帮助和指示，使我们顺利地跨入了现代化军队的行列。

第九章 战友怀念，留芳在人间

1982年在辽宁旅顺，与原二十九军老同志合影

今年4月，我们敬爱的老政委刘毓标与世长辞了，噩耗传来，我内心十分悲痛，他对我们的热情关怀和鼓励，我将永志难忘！

孔诚

人民的儿子，学习的榜样
——深切怀念老首长刘毓标同志

一

淮海战役后，部队在苏北淮阴地区休整，我到三野二十九

· 179 ·

军八十六师二五八团工作，从此认识了师政委刘毓标同志。

1949年4月，渡江作战前夕，刘政委到军政治部工作；进军福建后，先后担任军副政委、政委等职。

在这两年里，因工作关系，和刘政委时有接触。那时我对刘政委的印象是工农出身的老红军，艰苦朴素，平易近人；部队政治工作经验丰富，讲话切中要害，简明扼要，幽默风趣，针对性、说服力强；关心、爱护干部，是一位敦厚质朴、备受尊敬的长者。

二

1950年冬，八十六师奉调空军，整编为华东军区空军十一师，从厦门前线到苏北徐州，由苏联空军帮助改装训练。不久，刘政委也到徐州，任华东装甲兵政委，这样，和老首长又重逢了。

这时，抗美援朝战争已打了几个月，前线迫切需要空军参战，所以部队的政治教育、思想工作繁重，改装训练十分紧张。

由于空军十一师和装甲兵都是华东军区领导、指挥的部队（华东空军受军委空军和华东军区双重领导），特别是刘毓标同志是十一师前身的老政委，因此领导干部之间保持着往来。刘政委关心十一师的建设，先后对黄烽（师政委）、任球（政治部主任）等同志说：刚到空军，情况不熟，不懂技术，工作困难不少，有些同志有畏难情绪，要切实做好思想政治工作，鼓励大家钻技术、学业务，变外行为内行，尽快掌握工作的主动权；要坚持五湖四海，团结好外来干部、技术干部；要虚心学习苏联空军的训练、作战经验，充分发挥他们的作用。他还到机场、砀山靶场观看过部队的训练。特别是当刘政委知道师里有些科、团级干部年龄较大、尚无对象时，便请示军区抽调了一批女同志（文工队员和医务、通讯工作者）到十一师工作。后来她们都在不同岗位上作出了成绩，有的在师里找到了革命伴侣。同志们在谈起这些情况时，都异口同声称颂、感谢刘政委。

三

1983年上半年，我来南京军区空军工作，在探望老首长时，聆听过他因伤被俘、建国后在"左"的错误影响下蒙冤受屈20多年的叙述，以及他对这一悲剧的态度；受他之托，在参加军委扩大会时，向总政首长转达过他的要求；看过江苏省委对他被俘问题的复查结论；还听到几位老首长对他蒙冤的同情。我认为，虽然这一冤案有着鲜明的时代烙印，但原单位的工作组对待敌档材料、调查取证和做出悬案结论是有教训的。江苏省委组织部对他被俘问题的复查报告，有根有据，入情入理，体现了党的实事求是的作风，他们严肃的工作态度，艰苦的调查研究，对党对同志高度负责的精神是值得学习的。刘政委长期蒙冤受屈，精神上、肉体上遭受了严重的折磨和痛苦，但对党的信念毫不动摇，不怨天尤人，强调向前看，接受教训。反映了一个老共产党员崇高的境界，坚强的党性，宽阔的胸怀。

四

最近五六年，在叶飞副委员长的亲切关怀和南京军区首长、机关的指导下，原陆军二十九军的军史编纂工作得以顺利进行。刘政委曾是该军和所属两个主力师（旅）的主要领导干部，和原军长、南京军区副司令员段焕竞，尽管都年事已高，体弱多病，但对军史编纂工作仍全力支持，倾注了很多心血，抱病参加会议，提供有关资料，对顾问委员会和撰写组时有交待、提示。在准备召开定稿会议时，两位首长都主张适当扩大民主，多邀请几位顾问同志与会，以集思广益，把军史定稿工作搞得更好一些。他们的正确意见，因种种原因未能落实。但刘政委照顾大局，以工作为重，强调维护团结，求同存异，善始善终完成编纂工作。他这种立党为公的态度，与人为善、正确对待有缺点的同志的做法，原则性和灵活性的一致，对我是又一次深刻的教育。

1994年在江苏南京，与段焕竞（右2）、任球（右1）、郑竹波（左1）合影

五

今年3月下旬，刘政委因病住院，仍悬念二十九军军史的最后定稿工作，以不能参加定稿会议为歉为憾。4月4日下午，我和任球同志去医院探望他。当时他已处于病危状态，几度昏迷、抢救。当赵倩同志附耳告诉他任球同志和我来看他时，他慢慢地睁开双眼，吐出了微弱的"对不起，谢谢"五个字。此情此语，令我俩十分激动，不禁热泪盈眶，久久不愿离开。

六

岁月流逝，老首长离开我们已整整半年。他为中国人民的解放和社会主义事业奋斗了70个年头。他的一生是革命的、光辉的一生，经历了胜利、荣耀，也伴随着磨难、坎坷。从大革命开始，他对党的忠诚和信念，就始终坚定不移；身逢辉煌，富贵不淫；处敌狱中，威武不屈；蒙冤受屈，忠贞不渝；戎马生涯20多年，战功卓著，遍体伤疤，令人敬叹不止；70高龄，重返工作岗位，殚精竭虑，日夜不息；晚年多病，离而未休，壮心不已。

刘毓标同志是我们学习的榜样，永远活在我们心中。

郑竹波

一九九七年十月二十五日

丹心铁骨，功勋壮烈，永昭日月
—— 深切怀念老首长刘毓标政委

1952年夏，在浙江军区司令员王必成首长谈话后，我即由宁波军分区副政委任内匆匆前往徐州华东军区装甲兵报到，遂赴洛阳装甲兵第四编练基地担任副政委。当时心中忐忑不安，因我不懂坦克，又是新单位，四基地无司令员、政委，是在水陆坦克二十六师的基础上新建的，所幸副司令员杨金山、训练部长吴先觉、政治部主任史世屏等三位同志都多少了解坦克训练与战术，他们作风正派、热情，我这个党委书记在他们扶持下也就勉强工作了。

通俗而深刻的提示

1952年秋，在徐州参加华东军区装甲兵训练工作会议中，休息时，刘政委和我漫谈，他问到："你对四基地的领导班子有什么感觉？"我答："我很满意，这是一个能合力工作的班子，金山同志是红军干部，懂坦克，活跃，联系群众；先觉同志也是红军干部，对汽车很在行，作风朴实；世屏同志是老政工干部，非常关心同志，对我帮助很多很大。我担心的是自己对坦克是外行，怕完成不好任务。"坦率地说，我当时保留了一点心绪。而刘政委立刻启发我："诸敏同志，你说的不全面吧？四基地的装甲车全是大卡车改装，什么Gmc、道奇呀，还有一些苏式小装甲车，也是轮式的都算汽车哟，至于三轮摩托

第九章 战友怀念，留芳在人间

车，也就是装上轻机枪。你们基地四个大队就是这么些装备，你怎么都不懂呢？过去你在上海地下党工作时，不是上过汽车学校吗？"我一时心里立刻意识到，这位首长真了解情况呵！我岔开话题，忙表示："政委，王必成司令员在杭州和我谈话时，是指示我到坦克部队工作，可我现在干的是汽车、摩托车。况且，我虽然在上海进过大陆汽车学校，学过半年，也只会驾驶和一般保养，是个半拉子哟，这和坦克不搭界！"到这时，刘政委来劲了，笑着说："你们知识分子真会拐弯子，原来你心思还挂在坦克上，这和你当前工作不合拍哪！坦克和汽车是兄弟关系，要开坦克，先得学开汽车，怎么不搭界呢？"我又想岔开话头："首长，我高中还未毕业，算不上知识分子哟！"刘政委严肃地说："诸敏同志，这话又不对号了，我刘毓标才上过两年学，参军，当干部，红军、解放军多少个干部就是这么边干边学的哟！你现在先把四基地工作搞好，今后坦克师、团需要的干部还多着呢！"因为这是第一次谈话，我不好展开思想，只表示："政委，我一定把四基地工作先搞好！"这个"先"字是我安下的一个伏笔，心想，以后总得调我到坦克部队去吧！初次漫谈后，我觉得这位政委可真是老红军、老政委呵！他会摸清下级的心绪，也会做思想工作呵！我后来一直记着这一启迪，深深地敬佩他！

润物细无声

1953年秋，我在南京医院动了右耳手术后，到徐州向老政委告别。因上级已早安排我为下一期参加抗美援朝战争的见学干部，每期三个月。刘政委问起耳朵手术情况，我表示，术后已两个星期，快长好了，现在暂时还用纱布棉花加药水，只是预防感染，不碍事。他立即说，那还没有解除预防措施哟，你这次不能去，朝鲜战场炮火很猛，会震伤的。我一再表示要求去，接受锻炼，机会难得。他肯定地说，不能去，我们向军委报告，你服从决定！我只得怏怏返回洛阳，我体会这是老首长的亲切关怀。又一次，我女儿患小儿麻痹症须立即转南京军区总医院治疗，以免造成残疾。我到"华装"办好手续，买了去南京的火车票，当时时间很紧张，坐三轮车去车站已来不及了。老首长得知后，主动指示车队派了吉普车，赶送我到了车站，解了我的燃眉之急。我十分感激他的关怀，路上我一直对孩子说：要谢谢这位刘伯伯呵。此事更增强了我的群众观念，作为领导要时刻把群众的困难放在心上。这也是政工干部的本色！老首长是润物细无声，但它是有回声的！因为这都传播了干部应有的优良风尚，培养出又一代政工干部！

榜样的力量是无穷的

我对战斗车辆是情有独钟的。在基地合练时，站在洛阳原吴佩孚"大帅"的演习场上，看到我们几百辆装甲车、三轮摩托车、大卡车列队演习，一时场上马达轰鸣，黄土飞扬，口令声雄伟传呼，真有点战前的威武气势。我们基地几个领导都定睛注视，心中各有体会。我还是怀有一种遗憾感："要是坦克列阵就更是虎跃龙腾了。"坦克、坦克，这两个字总盘旋在我脑中。合练后，让各型车辆保养就位，作分个训练准备。不久北京来指示，苏联顾问要来视察，陪同的有"总装"（军委装甲兵）、"华装"（华东装甲兵）技术部负责人。我们忙着准备了一阵，从住处、饮食、警卫、礼仪等等，车辆更是逐项检查过。到检查时，苏联专家的领导者指着杨金山副司令员和我

第九章 战友怀念，留芳在人间

责问："为什么苏联车辆放在露天，美国车辆却进车库。"我们立正报告：这美国 Gmc（十轮大卡）和大道奇是较新的，摩托小时耗得少，故存入库中；这苏式吉斯卡车比较旧了，放在场上。却不料，他们发火了，大叫："这是对苏联装备的不尊重，不行，要改正！"我过去在上海学过几个月俄语，一知半解地听出了几句俄语的训斥话，感到大大的不妙。我拉了一下金山的衣服，叫他不要抗诉，只听不说。顾问又叽哩呱啦数说了一通。为表示接受"指示"，我们立刻把技术处长叫来，当面指点"挪位"，把苏式"老爷车"搬到库内，把美式新车"拉出来"，这才平息了"钦差大臣"的震怒。事后，金山同志说："真气人，革命还受洋气！"我说了一句上海的俏皮话："哎，总算请我们吃了一客罗宋大菜（过去讽刺白俄的菜饭），又不要钞票，算了！"事后，我曾和老首长谈起这桩窝囊气。他却冷静而幽默地半笑着说："这是家常便饭了，顾问向来都好批评人。如果是对 T-34 坦克保养问题，批起来就更凶了，我们听得多了！"我说"吃了一顿罗宋大菜"，老首长懂得这里面的意思，还说，他们请客，你们多吃几顿吧！并恳切地说："坦克部队说是新兵种，挺威武，可这饭不好吃呵！好好工作吧，慢慢也就习惯了。苏联老大哥我们还是要尊重，中央说要学苏联先进经验。我们要顾大局，先学习，再分辨先进不先进，可别顶撞，要搞好关系。"老首长这么一说，我们情绪也平和了。又一次，谢锐参谋长（他是一员战将）来检阅部队，我们倒不紧张，一切自然地接受检查。他谈话中，透了一句："临来前，刘政委说你们四基地团结方面不错。"我们只感到这是老首长的鞭策，不敢懈怠；也感到他处处教育部下的苦心！说到基地的团结，史世屏同志的作用最大，有他的耐心工作才有一种催化剂呵,我至今记忆犹新!

众里寻他千百度

1955年夏,我奉调第三坦克学校任政委。行前,我问过好几位同志都不知老首长的去向,也无法拜别了。后来问华东装甲兵政治部张辑光主任(1961年,我们同在高等军事学院学习),他答得含糊:"不清楚!"我更增疑窦,一个老将军、大活人怎么就这么消失了呢,怪事!但这时彭老总已经挨斗了,我们也不能打听到老首长的下落。以后"文化大革命"来了,我是12年冤案,在装甲兵搞得"臭名远扬"、"扫地出门",一家八口(连保姆在内)分散在八个地方,七零八落。幸得军委关怀和有的老首长秉公说话,在十一届三中全会的影响下,1979年春平反,工作了三年。1983年,总政首长直接来电话:"诸敏同志,这些年你受委屈了,今后调你去南京高级陆军学校当政委,你身体还可以干两三年。"我表示,我当个副政委或主任吧,这是个大单位,我能力不够!总政首长说,不用说了,命令都定了,你可以就去上班。就这样,我在感谢装甲兵首长的关心后束装上任。

华东地区熟人真不少,我又打听过老首长的下落,也是说不清!真是急人。直到1984年,邓小平同志到南京视察,接见省市干部与军队干部,在大厅里,我走过省市干部队伍时,突然听到有人叫:"诸敏同志!"一看,呀!这不是老首长刘毓标政委吗?!我快步跑过去,饱含着泪水双手握着老首长的手,颤抖着说:"哎唷,老首长,这么多年不见您了,您到哪里去了哟?!"不久,我即敬邀老首长和夫人赵倩大姐到"南高"吃便饭,加上肖明同志共四人,饭桌上谈得很兴奋,这是

第九章 战友怀念，留芳在人间

劫后重逢呀！老首长只轻描淡写地说：因为"悬案"，被审查了好多年又加上"文化大革命"几年，我们都见不了面。赵倩大姐风度很雍容庄重，很冷静，不说什么，是老干部的崇高风范！饭后，在庭院中休息，老政委在和我个别谈话时，先关心地说："诸敏同志，听说在'文化大革命'中你受大苦了，整了12年，被打伤了！怎么样，现在想什么啊?!"这是受大苦的老将军在安慰和了解老部下啊！我先问了他这些年的大概遭遇，然后说："想不到啊，像您这样的老红军，苦出身，三年游击战争，跟陈老总战斗过来了，参加创建苏南苏北根据地的老功臣，也吃了这么多的大苦，历史对您不公啊！"他说："这以后再谈，说说你的看法、思想吧！"我说："首长是了解我的，抗日战争中，我当县委书记后受过迫害委屈，那过去了。被捕过两次，前一次坐日本小鬼子的牢，被打伤了耳朵，关了三天，放出来了，我没有屈服；后一次是被国民党军队关了三星期，脚镣手铐，我坚不承认是共产党，放了我。这两次，牺牲了，是烈士，还有个交待。只是'文化大革命'关了三年，劳改六年，等结论三年，这最难受了。我想过自杀，但转念想，不行！这么死，不好交待了。什么贺龙死党、许光达黑干将、叛徒、反革命修正主义分子等等帽子，造反派都可以扣到我头上，那就自己毁了自己！这样坚持下来了！我对斗我的人不记仇，他们有的也是狂热性，有的是糊涂，有的有个人私心，这是那个历史扭曲后的人物和现象！我谅解他们，相信他们今天也会自省的。但我对他们的变相刑讯逼供、十天拷打我不让睡觉的'车轮战'打得我肺出血（今天成了肺癌，动了大手术），我对这个想不通！这违背党的传统！希望有关的人今天该彻底清醒。对他们的处理，我赞成从宽，他们是执行者,大头在后面!现在我只求站好最后一班岗,退休了,做个不在位的党员奉公守法地清白一辈子!"老首长也动了感情,他说:"诸敏同志,你的态度对头,照顾大局,忘掉自己!"这次谈得很多、很深,以后我再也不愿多谈了。同是天涯受苦人,相逢何必双悲情!这就是我和老首长喜相逢后的一段悲鸣曲!

盛世期长寿 未料先谢世

1986年,在我请示下,军委批准我离休,我到了65岁的规定年限了,该解甲了。我感谢党对我今天的许多关怀。我更期望老首长能百岁不老。我和老伴肖霞商量过,到那时,我们如果活着,要送一件礼品去祝寿。却不料今年4月得到晚来的噩讯,老首长在南京谢世了。再看了几遍他的讣告和亲属写的生平事迹,我一再泪湿衣襟,哽咽得说不出话来。老首长毕生一心为党为民,70年的革命,艰难与坎坷备尝,他的崇高风范与壮烈功勋留在华东大地上,留在他的战友和部下的心中,人民不会忘记,他的形象在我面前永远是那么高大、凝重、庄严!他永远活在我们心中!我还特别钦佩老首长这个革命家庭,老首长的亲密终身伴侣赵倩大姐是新四军老干部,具有崇高的风度,是模范老党员,六位子女都成家立业,表现都优秀,没有高干子弟的傲气,他们12位加上老人共14位都是党员,一个家庭就是一个坚强的"中共党支部",这在党内也是不多的!他们都是革命的脊梁,民族的希望!在我向老首长致最后的敬礼时,愿他安息!同时我向这个真正的革命家庭致诚挚的同志敬礼,人民在瞩目、期待着你们啊!你们是满门英杰,代代相传!

第九章 战友怀念，留芳在人间

诸敏
一九九七年十一月二十七日
泪笔于总参兵种部宿舍

深切怀念刘毓标政委在抗大

当我看刘毓标同志的生平时，对着刘毓标同志的遗像，心情久久不能平静。他穿着黑色中山装，一副慈祥的面容令人可亲，目光炯炯凝视着前方，从他的目光中可以看出他70年的革命生涯中，始终坚贞不渝地忠诚于党、忠诚于人民，为党的事业无私奉献了毕生精力，他无愧于党，无愧于人民。

刘毓标同志的革命生涯中，在抗大工作过很长时期，担任过抗大的领导工作，在华中地区吸收、教育、培养革命青年，为党和军队输送了大批抗日军政干部，为抗日战争的胜利作出了积极贡献。

1940年11月，华中新四军、八路军总指挥部决定成立抗日军政大学第五分校。五分校是以江北军政干校和苏北抗日军政学校为基础组建的。江北军政干校隶属新四军江北指挥部，由张云逸兼任校长，赖传珠兼任副校长，谢祥军任教育长，刘毓标任政治处主任，共辖三个大队。其中两个大队由谢祥军、刘毓标率领，随同刘少奇从淮南地区到达苏北盐城。淮南地区还保留一个大队，1941年5月在它的基础上扩建为抗大八分校。

1941年1月皖南事变后，中共中央和中央军委决定重建新四军军部，抗大五分校改为隶属于新四军军部，由军部直接领导。刘毓标同志当时任五分校政治部副主任兼组织科长。

抗大总校为了加强抗大五分校的骨干力量，决定在抗大总校第三团中调100多名教职员组成的第二华中派遣大队到五分校工作。该大队由洪学智、吴盛坤率领，于1940年11月9日从晋东南出发，行军2500里，历时半载，于1941年6月初胜利到达苏北盐城。洪学智任抗大五分校副校长，吴盛坤接替刘毓标任政治部副主任，刘毓标调任新四军军部直属政治处主任。

我在抗大第二华中派遣大队中任宣传股长，到五分校被分配任文工团主任。我在抗大五分校工作时，刘毓标同志已经离开五分校了，我与刘毓标同志相识是在抗大八分校和后来改名的新四军二师教导团。

1941年年底，华中地区抗大各个分校相继成立，为加强对各分校的领导，经中央军委华中军分会和新四军军部决定，以抗大五分校为基础成立抗大总分校，于1942年1月成立，归军部领导。再从原来的五分校抽调一部分干部组建新的五分校，划归新四军三师领导。我则调往抗大总分校任上干一队（培养营团一级政工干部）政治指导员。总分校只办了一期，于1942年底结束。1943年初我与方克同志调到新四军二师抗大八分校工作，开始我同方克同志一样都在连队任政治教员，后来我所在的五队政治指导员全希在河里洗澡时不慎淹死，组织上又让我任指导员。那时，刘毓标同志也从五十二团政委调至八分校任政委，从此，我就结识了刘毓标同志。刘毓标同志平易近人，没有架子，经常深入连队了解政治思想工作情况，我也常到他家聊天。

抗大八分校与华中其他抗大分校相比，课程设置上除军事课以外，很注重党政工作课程与文化教育。如开设了《党的建设》、《政治工作》课程，这对培养二师政工干部很有帮助。文化教育内容有国文、历史、地理、自然常识、算术五门课程，这对二师调来培训的干部和地方上送来的学员中文化程度偏低的大有好处。八分校有两期学员的学制超过一年，在战争环境中要做到这一点是需要有很大决心的。八分校的教学质量在华中各分校来说是上乘的，其中倾注着刘政委及其他校领导和训练处同志的不少心血。

1943年秋，华中进一步贯彻执行"精兵简政"的方针，抗大八分校改编为新四军二师教导团，冯文华任团长，刘毓标仍任政委，教导团只训练二师干部，教育方针不变，教学内容与前一样，教员还是八分校的班子，因而仍然是抗大八分校的继续。

1944年2月至8月，新四军二师开展整风运动，成立整风直属队，我从教导团调出参加整风一队学习。学习结束后，未回教导团，分配去东分区天高支队政治处任宣传股长，政治处主任是熊挺。在天高支队工作不过几个月，又被调回二师教导团任整风一队政治指导员。我当时猜想，这是刘毓标政委的主意，因我在抗大担任过三任政治指导员，又参加过整风运动学习，重回二师教导团担任整风一队指导员比较合适。我是党叫干啥即干啥，再回到刘毓标政委手下工作也是非常高兴的。

我记得二师教导团整风一队的学习计划大体上同我在师直属整风一队学习计划差不多，分四个阶段：第一阶段，动员学习正面领会；第二阶段，学习整风文件对照反省；第三阶段，反省批判；第四阶段，审查鉴定。最后撰写个人毕业自传，内容有个人简历、家庭情况、社会关系、个人优缺点等。每项内容均写得比较详细，先按要求写出提纲底稿，在小组会上全班补充修改通过，再在32开本纸订的本子上用沾水笔誊清，全班同学在本人自传上签名，再送连部审核签署意见，最后报校政治处盖印定稿，一份由组织保存，一份由本人保存。

在整风学习后期，实际上是一次群众性审干，社会关系不复杂的学员，一般均顺利通过鉴定结论，如有曾参加过反动党团的则比较麻烦，动员他们坦白交代，个别的也被大会、小会批判斗争。在当时不可能外调弄清真相情况下，有的经不起批判斗争考验的则胡乱编造口供，甚至牵连到别人，更增加了问题的复杂性，造成了一些冤假错误。刘毓标政委处理这类问题非常慎重，经常找本人谈话。学校在运动后期，根据中央关于审查干部的指示："放下包袱，轻装上阵"，在学员中认真学习中央文件，总结整风运动，既肯定整风运动的积极收获，又总结出在运动中出现的逼供信，使一些同学受到委屈制造假材料的教训。刘毓标政委指示各个连队根据中央指示，凡是搞错了的，都要一律实事求是进行平反。

1945年"八一五"日本鬼子投降，新四军二师教导团奉命结束，学员回到部队迎接新的任务。刘毓标政委与我也各自奔赴新的岗位了。

刘毓标同志在抗大五分校、八分校、二师教导团担任领导工作时，坚决执行毛主席制定的"坚定正确的政治方向，艰苦朴素的工作作风，灵活机动的战略战术"的教育方针和认真贯彻"团结、紧张、严肃、活泼"的校风。抗大在我党我军历史上有着不可磨灭的功绩，正如江泽民同志在《纪念抗大建校六十周年大会上的讲话》中所指出的："抗大最主要的历史功绩，就是培养造就了大批德才兼备的军政干部。抗大办校十年间，培养出来的干部达十多万人，其中许多人成为党和军队的高级干部。他们在抗大接受了马克思主义教育，成为用科学理论武装起来的自觉的革命战士。他们在奔赴新的工作岗位后，用学得的马列主义、毛泽东思想去宣传群众、教育群众、组织群众，为我党我军的发展壮大，为夺取抗日战争和全国解放战争的胜利，也为建国后的社会主义革命和建设事业的发展，奠定了重要的组织基础。"我相信曾在抗大五分校、八分校、新四军二师教导团学习或工作过的老战友，一定不会忘记慈祥和蔼、全心投入工作的老政委——刘毓标同志，他们一定会继承抗大的光荣传统，像刘毓标革命一生那样无愧于党、无愧于人民。

刘毓标政委虽然离开了我们，但我们永远怀念他！

吴凡吾

深切的怀念——忆刘毓标政委二三事

刘毓标同志是我的老首长。在战争年代，我曾在他所在部队从事机关工作。1947 年 5 月，华东野战军第十一纵队奉命组建三十二旅，刘老由三十一旅调任三十二旅政委，我在政治部任组织干事。1949 年大军渡江前，刘老调任军政治部主任，后任副政委兼主任、政委。我先后在军、师机关工作。此间，由于工作关系，与刘老接触较多，有几件事至今记忆犹新，以拙笔记述之，以表达对刘老深切怀念之情。

战前的娱乐

1948年4月，盐南战役以后，敌人企图南北夹击我苏北兵团。为了粉碎敌人的阴谋，三十二旅和三十三旅奉命分别进入一、九分区敌占区内线作战，以打乱敌人的部署。三十二旅于6月挺进姜（埝）、曲（塘）、海（安）一线发动攻势。我随旅指挥所行动。6日晚投入战斗，九十四团攻打曲塘镇、九十六团攻打白米镇。7日下午，九十四团对镇内敌核心工事发起总攻。总攻前指挥所一片沉寂，吴咏湘旅长边喊边招手："来，来，打几把老K，我和刘政委同盟，蒋健、吴枫你们两人同盟。"刘政委接着说："文化娱乐不分上下级，你们有本领就赢我们。"吴枫讲，不许打"电话"。我又补充两条，牌打出去不能换，也不能查。吴旅长说："嘿嘿！你们的规矩还不少呢，大家如此。"打了好一会儿，刘政委叫我报分。我加加减减，他们负于我们几十分。政委风趣地说，可不能"贪污"，"贪污"要军法从事。我说，首长放心，笔笔清楚，经得起检查。接着又打了一会儿，突然电话响了。参谋接完电话就向首长报告："九十四团报告，一切准备就绪，按原定时间总攻。"吴旅长指示按原计划执行，随时报告情况。吴枫和我迅速爬上预先架好的梯子，登上屋顶，观察战场情况。总攻开始，先是枪炮声大作，过一会儿，一排排手榴弹爆炸声轰轰而响，一股股浓烟直冲蓝天。首长问我们看到看不到！我们说只看到手榴弹爆炸的浓烟，看不到部队运动。吴旅长讲，突击队打进去了。傍晚前，两个团都胜利结束战斗。

第九章 战友怀念，留芳在人间

一份政治动员令

1948年，部队在大中集整训完毕，准备一次战斗行动。一天晚上，政治部黄烽主任要我起草一份政治动员令。我根据黄主任所讲的内容写好草稿。他稍作修改，叫我抄一份清楚的，于第二天早晨送给刘政委审查。我送给刘政委后，他看得非常认真、细致。看完后说："没有意见，可以印发。"并要我转告黄主任，请他考虑一下，是否随动员令下发一个通知，再强调几点："一是要求各部队、各单位传达到全体指战员，结合各自的任务进行深入的动员教育；二是要根据新情况，有针对性地及时进行补充动员；三是要求各部队无论进入老区还是新区，都要切实遵守三大纪律八项注意。"后来由于敌情变化，此次行动计划未能实施。刘老当年那种严谨的作风、深入细致的工作精神和丰富的政治工作经验，都给我留下了极其深刻的印象。

亲切的教诲

1950年6月，我由师政治部组织科调军政治部组织部干部科任副科长。当时组织部长暂缺，又恰逢李英光副部长出差。一天上午，军党委秘书打电话要我下午上班时到胡炳云军长办公室。我准时到达后，胡军长说，为下一步调整干部作准备，想派你去八十五师了解几个干部的情况，等刘副政委（刘老当时任军副政委）来后一起谈。不到一刻钟功夫，刘老也到了。胡军长（党委书记）首先讲了几个师团干部的简要情况。接着，刘副政委着重讲了我到八十五师以后的工作方法。

交待完任务后，胡军长对我说，你在八十六师工作时间长，对八十五、八十七师的干部生疏，以后要有计划地多到这两个师去，先熟悉师团干部。党管干部是条原则，首先要了解干部，正确使用干部，还要关心干部。党委讨论决定干部的任免，日常具体工作由组织部门办理。刘副政委说，组织部门是管理干部的部门，干部调进调出都要经过组织部。干部到了组织部，就像出了嫁的姑娘回到娘家一样，感到温暖，有什么话都乐于对组织部讲。你是干部头儿，在干部工作上既要当好参谋，又要以身作则，做好样子。我虽然在师、团两级组织部门工作多年，听到像两位首长这样语重心长的教诲还是第一次，使我深受教育和启迪。

晚年重逢见丹心

我与刘老自1950年于南京分别之后，有20多年没有会见过。直到1976年我调到海军学院工作，才有相见的机会，这时刘老已年逾古稀。在后来的一次看望中，就刘老长期未能解决的"历史遗留问题"，我们作了较长时间的交谈。我对刘老因作战负伤被俘一事在战争时期曾听他谈起过（因我曾帮助他填写《干部登记表》），这次比过去谈得更详细。在交谈过程中，他除了对原审查单位有意见外，对党丝毫没有任何怨气，也没有消沉的情绪，显得坚定、乐观。他说："相信我们党是正确的，党的政策终归会落实的。"当我关切地问，为什么现在还不彻底解决？他说，有一定的复杂性。所谓复杂性，并非我被捕的情节复杂，难以弄清，而是组织方面的协调问题。因为原审查结论及处理意见是军队作出的，之后我转到地方工作，这就涉及军、地党委之间相互协调关系的问题，所以还要等待。但我相信，在实事求是的思想路线指导下，总会得到正确解决的。听了他这一番话，使我深感老人家胸襟坦荡，虚怀若谷，丹心耿耿，光明磊落。

刘老在战争年代率领部队转战大江南北，在部队中度过几十个春秋的战斗生活，他对部队怀有深厚的感情。有一次，我们从部队的训练、装备到生活，谈得很多。当谈到海军有自行建造的核潜艇、导弹驱逐舰等新型装备时，他关切地问："海军搞不搞航空母舰？"我说，目前经济条件尚不具备，现在不搞，将来会搞的。他频频点头。从中不难看出，刘老虽然离开军队多年，但仍然留恋军队，关心军队，希望有一支强大的现代化、正规化的革命军队。

刘老一生对革命事业忠贞不渝，为人民利益鞠躬尽瘁。他的故去，重于泰山。刘老虽然离开了我们，但他给我们留下了永不泯灭的光辉形象，他的优秀品质和高尚情操将永远激励后人。

蒋健

深切怀念敬爱的老政委刘毓标同志

我 1983 年在武汉离休后，年年都去上海、南京，而每次到南京，总要去拜望住在山西路附近的老领导刘毓标。他谈笑风生，平易近人。我有机会与他促膝谈心，倍感亲切。他还多次要我就在他家住上几天，多谈谈。我欣然答应过，但又怕过多地麻烦他，尚未兑现。

今年4月初，我又从上海回汉经南京，不料却不能与他相会。他住进了医院，病势不轻，医院正在抢救，谢绝探视。我惆怅地回到武汉，三天两头给南京拨长途。26日突然传来他25日病逝的噩耗，我27日立即乘船，28日赶到了南京。

我开始在刘老领导下工作，是1947年。那年5月，组成了华东野战军第十一纵队第三十二旅。刘毓标同志担任旅政委。我先在旅属第九十四团政治处组织股工作，后调旅政治部秘书室，不久又调组织科。1949年2月该旅编为第三野战军第二十九军第八十六师。1949年11月解放厦门后的翌年3月，我调军政治部秘书处。刘毓标同志当时任军政治部主任，接着又任军副政委、政委。我随他一起住在厦门市中山公园南面一幢小楼里，既是办公室，又是寝室。我和他真是朝夕相处，联系非常密切，随时可以聆听他的教诲。

第三十二旅在1947年5月成立后，任务十分艰巨，全国的解放战争正进到第二个年头，我中国人民解放军开始转入对国民党军的战略进攻，战役、战斗的规模不断扩大；不但要在运动中歼灭敌人，而且攻坚战很快地成了主要的战斗形式。为了适应斗争形势的发展变化，刘政委根据上级指示，结合部队实际，在领导全旅加强政治工作建设方面，夜以继日，呕心沥血，做了大量艰苦卓绝的工作，从而确保了广大指战员思想觉悟的不断提高，部队战斗力的大幅度增强，使上级赋予的战斗及其他各项工作任务得以胜利完成。

刘政委认真贯彻中共中央、中央军委关于部队新式整军的指示，把诉苦运动作为提高部队阶级觉悟的重要一环，深入地进行思想发动和组织实施，使之逐步地、广泛地开展起来。他强调各级干部带头，并重视典型的选择和培养。他自己也到有的单位参加忆苦会，和同志们一起诉苦，给大家以很大的启迪。在三查（查阶级、查工作、查斗志）三整（整顿组织、整顿思想、整顿作风）中，他不但在旅党委扩大会上虚心听取同志们的意见，严格开展批评和自我批评，而且还和旅的其他领导人员一起，分头到各团参加团党委扩大会，对多数干部过得硬的思想作风，作了肯定、鼓励，对个别干部中出现的军阀残余、破坏纪律、骄傲自满、自由主义等不良倾向，通过耐心细致的工作，进行了认真的批评教育。

刘政委重视发挥各级领导和政治机关的作用，走群众路线，集中大家的智慧，对于在新的斗争条件下，如何加强战时政治工作，作过周密的研究和布置。他反复强调的有这样几点：一是战前动员中除了要讲清楚这次战役（战斗）的重大意义和胜利条件外，一定要把可以估计到的困难和问题，也向大家交底，并通过发扬军事民主，有针对性讨论解决办法，使胜利信心建立在更加牢固的基础之上。二是要十分重视领导干部在战斗中的模范作用，这是最有力量的动员。三是认真抓好政策纪律。有次战斗中，有个营干部任意枪杀俘虏，该团政委发现后立即赶到现场制止。战后，刘政委对该团政委的做法大加赞扬，逢会就讲。四是他总是认为，分析某个部队在某一战斗中的贡献大小，决不能只以俘虏、缴获的多寡作为唯一的标准。

为了提高基层干部的军政水平和领导能力，1948年初，他和旅长等研究后，旅部办了一期干部轮训队，学员均为连队军政干部。政治教育以诉苦三查和形势教育为主；军事训练以攻坚战的战术、技术为主，并以国民党王牌军第七十四师为对象，研究敌军的战法和我们的对策。

他经常到轮训队了解、检查工作，进行具体指导，有时还深入到班组与学员们座谈。100多名学员经过两个月的训练，回到原部队后，绝大部分成了作战、训练或政治工作的骨干，有的还晋升了职务。

我经常随刘政委下部队。他对部队工作中的主要情况，总是要问个水落石出，遇到个别领导有时"一问三不知"，他就会不客气地提出意见。他在会议上的讲话，总能抓住要害，简明扼要，针对性强，以理服人，很解决问题。而且，他从来不要别人代他写讲话稿，喜欢自己准备一个提纲。

当时，中共中央、中央军委对部队加强组织纪律性的问题，抓得很紧。他坚决执行上级的有关指示，特别是对请示报告制度，从不马虎。他对每季度上送一次的部队政治工作综合报告，经常提前对秘书部门提出要求。有时，他还根据自己掌握的重要情况，亲自拟出报告的要点，作出具体交待。他对送给他审阅的初稿，改得十分认真。对领导工作中存在的主要问题，他一再嘱咐必须实事求是地写上去。

部队从打小仗到打大仗，从小部队的分散战斗到大兵团作战；从坚持苏中敌后到华中地区机动，又发展到参加了淮海、渡江、上海、福州、漳厦等大规模的战役。所担负的任务越来越重，遇到的情况越来越复杂。但是，不管面临的困难有多大，部队经受住了种种考验，胜利完成了上级赋予的各项任务。这与部队政治工作建设的不断加强，有着不可分割的联系。这当然是上级正确领导，全旅干部、战士共同努力的结果，但毋庸置疑，其中凝结着我们刘政委的大量心血！

1949年11月解放厦门后，军领导机关、直属部队和第八十六师等单位进驻市区。总的说来，在全国一片大好的胜利形

1950年在福建厦门、与刘培善（中）等合影

第九章　战友怀念，留芳在人间

势下，部队的思想是稳定的、上进的，继续为解放全中国而战斗的士气是旺盛的。但也有极少数干部把胜利当成了包袱，企图解甲归田，不愿革命到底；有的经不起花花世界的考验，滋长了享乐思想；有的违反政策，破坏纪律。同时，金门战斗失利，对部队的战斗情绪，增加了一些不良的影响。加上，部队的任务又十分繁重，除海防、战备训练外，还有参加厦门市军管、警备以及支援福建省其他部分地区的党政建设，部分单位开赴山区剿匪等等。所有这些，给部队的政治工作，带来了一系列新的课题。

当时，刘毓标同志肩负着领导第二十九军全军政治工作的重任，面临的工作十分忙碌，现在回忆所及，主要的就有这样一些：进一步开展把革命进行到底的教育，继续加强战备训练的动员；结合进军福建以来的工作总结，进行"三评"（评思

· 203 ·

1950年在福建厦门，二十九军首长与英模合影
第四排左起：吴森亚、段焕竞、黎有章、刘毓标

想、评斗志、评政纪）和评功选模的活动；正确总结金门战斗经验教训的宣传教育；颁发"淮海"、"渡江"两大战役两枚纪念章的组织实施；部队整编，大胆大量提拔干部；连队建立革命军人委员会，各级建立青年团组织；实施开展对《中苏友好同盟互助条约和协定》的学习；实施首期国家人民胜利折实公债的认购工作……

　　刘政委有着丰富的政治工作经验，他善于"弹钢琴"，分别轻重缓急，把有些工作有机结合，适当穿插，使之进行得有条不紊。对其中的重大问题，则亲自动手，一抓到底。比如，

第九章 战友怀念，留芳在人间

他对部队的组织纪律教育，抓得很紧。对个别干部，尤其是营以上干部中的违纪事件，都要责成有关单位及时查明实情，适当处理，有些还决定在军报《战线》上披露。有一次，在思明电影院举行干部大会，进场前队伍在马路边有些混乱，他立即找来组织和主持这次大会的负责人，指出了这个问题，使情况迅速得到好转。

他主管干部工作，上级根据需要，从第二十九军抽调了多批干部，去总部、去华东军区、去兵团部、去厦门市或福建省其他地方的都有。他与军的其他领导，都坚决服从。1950年2月，兵团又决定从我军抽调600多名党员干部，参加地方工作队，军里也照办不误。他多次召开各师团领导干部会议，部置这项工作。最后，又把这批同志集中到军部培训，他亲自去作动员讲话。他既热情又严肃，要求同志们充分认识参加工作队的重大意义，作好在福建生根立足的思想准备，不计较待遇，不讲条件，充分依靠群众，克服一切困难，坚决完成任务。

他一贯重视勤俭建军，勤俭办一切事业。在部队清理物资工作中，军党委分工由他担任清理物资委员会主任委员。1950年6月，他在军部召开的有团以上司、政、后机关负责人参加的专业会议上，作了思想动员和工作部署的报告。之后，又不断组织检查落实情况，一共用了约20天的时间，按兵团指示达到了要求，向上作了总结报告。

刘毓标政委抓政治工作，既有重点，又照顾其他。在1950年春节前的一次军政治部部务会议上，专题讨论了如何领导部队开展好文娱活动的问题。接着，又在各师宣传科长会议上作了布置。他反复强调文娱工作的群众性，要求广泛发动兵演兵，并动员军、师文工团（队）组织团（队）员下连辅导、帮助。

在三十二旅时期也好，在二十九军时期也好，刘毓标老首长对全旅、全军政治工作建设所作的贡献不可估量，是难以用文字来表达的。

刘毓标老政委政治上光明磊落，思想上一心为公，工作上勤勤恳恳，生活上艰苦朴素，对同志正直坦诚，对部下关怀备至，处处都是我们学习的榜样。作为我来说，当时年轻、幼稚，能逐步懂得做好部队政治工作的知识，之后又能为革命工作担当起一些领导责任，都是在他手把手教育帮助下打的基础。他真是我的良师益友，是我难以忘怀的好领导。

1950年底，第二十九军番号撤销，由于工作需要，我们各奔东西，天各一方。但40多年来，我与他始终保持着联系，仍然经常得到他的教诲。

刘政委这么匆匆地走了，我悲痛万分。我一定要继承他的遗志，以他为楷模，时时处处以一个普通党员的身份严格要求自己，保持晚节！

我敬爱的老领导、老政委！安息吧！

孙耀培

耿耿一生显正气

刘毓标政委离开了我们的噩耗传来时，我沉浸在无限惋惜、万分悲痛之中。

刘毓标政委是我最敬重的领导之一。他那九曲回旋坎坷的

第九章 战友怀念，留芳在人间

革命生涯，他的高贵品德，永远留在我的记忆里，永远是激励我前进的力量。我和刘毓标政委的接触较多是在 1949 年 10 月厦门解放以后。那时，刘毓标同志任二十九军政治部主任，我在军的《战线报》兼新华社二十九支社工作。《战线报》创刊于 1948 年，是一张油印小报。厦门解放以后，军部驻厦门市，部队比较稳定，各方面的条件也比较好了。军党委决定报纸由油印改为铅印，三日刊。为了加强对报纸的领导，根据上级指示精神，决定成立党报委员会，由刘毓标、蒋峻基、周建平、孟宪章、潘澄五人组成，刘毓标为该委员会书记，蒋峻基（宣传部长）为副书记。就在党报委员会成立的前后，我受到了刘毓标同志一次终生难忘的教育。

记得是在 11 月初，厦门解放不久，尽管工作千头万绪，刘毓标同志还是约了我去谈谈报社的情况。我虽然到报社已一年多，但还是不大懂得如何办报，心里没有底。这是第一次有机会向高层领导直接汇报工作，听取指示，心情很激动，也非常高兴。从报社到刘毓标同志办公室，只几分钟的路。我进去的时候，刘毓标同志正在审阅文件，热情地招呼我坐下，又递过一支烟。那时，大前门可算是难得抽到的好烟，他看到我贪婪地吸了一口，笑着说："味道不差吧！"气氛变得很亲切，我的心也平静下来了。当我汇报时，他细心地听着，不时拿起桌上的本子记上几笔。我汇报结束后，他又逐个问了报社同志的情况，特别详细地询问了苏州新参加的一些同志的情况，然后说："我到军的时间不长，根据我过去在师里的印象，报纸从 1948 年 8 月创刊到现在，在宣传党的政策方面，贯彻上级党和军党委的工作领导意图和作战意图方面，在反映部队情况、推动部队工作方面，在批判某些不良倾向方面，都作出了成绩,特别是淮海战役后期到渡江战役之前的一段,能够较密切地结合部队实际与战场实际,及时地指导与推动部队工作,效果更为显著。这是很不容易的,报社的同志作了很大努力,也很辛苦,请你代我转达向报社同志的问候。"停了一停,他点上一支烟,深深地吸了一口,继续说:"但是,报纸也有缺点,也有问题,依我看,主要是对毛主席思想、对党的政策的宣传,系统性不够,对部队的思想指导,不够有力,对部队的工作指导,有点零乱、松散,报纸与群众的关系还不够密切,就是说,报纸的指导性、战斗性、群众性都还没有达到应有的水平。"

刘政委说这些的时候,十分恳切,不是板起面孔训人,如同和晚辈谈家常一样,他那敏锐的观察力,对问题分析的深刻性,既使我受到震动,又使我的思想豁然开朗,既感到十分亲切,又增强了办好报纸的信心。

当我还在思索领会刘政委指示精神的时候,刘政委又说,工作有缺点,这很正常。做工作嘛,总是既有成绩又有缺点,没有什么大惊小怪,也不要感到压力太大。而且,这些问题也不完全是报社的同志造成的。他见我用惊愕的神情望着他,笑了一下说,譬如,领导的原因,关心不够,领导不力也是重要原因嘛!像我,对报纸的关心,重视也是不够的,党报观念不强,通过报纸来指导工作的观念不强。毛主席讲要全党办报。办好报纸,一要靠领导的关心帮助,二要靠大家来办。当然,报社的同志要努力学习,要认真领会党中央、上级党委的指示精神和军党委军机关的意图,要深入实际,联系群众,特别是新同志,更要加强实践锻炼。

这是刘毓标政委第一次与我长谈。他令人信服的深刻分析，平易近人的长者风度，诲人不倦的深厚情谊，谦虚体贴的博大胸怀，给我留下了永不磨灭的印象。

党报委员会成立后的第一次会议于11月8日举行。会议一开始，刘政委就说："我过去对党报的领导、帮助和关心是不够的，没有积极使用报纸来指导工作……"刘政委的话又一次使我震动。一个高级干部，如此严格要求自己，在会议上如此诚恳地作自我批评，给了大家很大的启发和教育。他也是在给下面挑担子，承担责任，是在鼓励我们不背包袱，改正缺点，奋勇向前！刘毓标同志的严于责己、关心他人的高尚品德，产生了一种强大的感染力和凝聚力，形成一种最可靠的威信，使人产生信赖感、亲切感。

1950年底，部队整编，刘政委调任华东军区装甲兵政委，我和其他一些同志调到公安部队。虽然，从此我不在刘政委的领导下工作，但每当回忆起在厦门一年多的时间里，他对我们如何确立正确的人生观、世界观，如何锻炼党性所讲的一些基本道理，回忆起他以身作则，做出样子，传授我党我军的优良传统和作风，总是心情激动，充满深切的怀念。

由于相距较远，以后不大听到刘政委的消息。直到60年代初，听原二十九军的同志说，刘政委因为有"历史问题"被安排到江苏省民政厅任副厅长去了。这真如晴天霹雳。什么"历史问题"？在厦门时早就听说过，1937年3月刘政委任红军团政委时，在一次战斗中因重伤昏迷而不幸被俘，在国民党监狱里被关押了五个月。他虽备受摧残，但顽强抗争，坚贞不屈。七七事变后由我党派出代表与国民党谈判交涉后才被营救出狱。以后又经过审查，有过正确的结论。一个坚持立场、显示崇高气节的、具有坚强党性的共产党员，怎么有了"悬案"？我为之不平，但无能为力。以后又陆续听人说，刘政委在不断申诉的同时，仍然不计名位，不顾委屈，继续努力工作，把党的温暖送到千家万户，更使我增添了对刘政委的崇敬之情。

以后，是"文化大革命"，一切都乱了套。我不止一次地想，刘政委要吃大苦头了，但愿他能挺过来，战胜厄运。

1982年，我和老伴周洁到旅顺看望原二十九军的一些老战友。一到旅顺，康庄同志就告诉我刘政委和赵倩同志也在这里。这真是意外的大喜事。分别了30多年，想念了30多年的老首长又要见面了。我急于打听刘政委的情况，战友们喜气洋洋地对我说问题解决了。江苏省委已作出决定，肯定了刘政委被俘期间的表现是好的，保持了共产党员的革命气节，从而恢复了历史的本来面目。现在，刘政委担任省政协副主席。我为之欣喜不已，而又感慨万千。

当天，我和老伴就见到了敬爱的刘政委。30多年了，刘政委虽然已头发花白，额上已有深深的皱纹，但是他精神矍铄，身体很健康。但谈起他受屈的历史时，他沉思了一会儿说，这不是我一个人的问题，也不是哪一个人和我过不去造成的，它有着鲜明的时代烙印。"悬案"的结论，是在反"右"扩大化时开始酝酿，"庐山会议"之后批准，这是那个时代的产物。党纠正了"左"的错误，重新确立了实事求是的思想路线，我必然会得到平反。没有党的十一届三中全会开始的拨乱反正，也就没有我刘毓标的政治新生。

多么深刻的见解，多么博大的胸怀！

第三天，我和周洁要从大连乘船到上海。一早，当我们在旅顺上车时，不仅许多老战友早已在车旁，出乎意料的是刘政委和赵倩同志也在那里等候。一股暖流流遍了我的全身。我们急忙上前，刘政委特别有力地握住我的手，我的眼睛有点模糊了，许多想说的话一句也说不出来了，只能重复着老首长保重！车开了，我从车窗往回看，刘政委还在那里站着！

在车上，在船上，我想了很多。人生的道路是坎坷的。一个人，像刘政委那样，不论是在顺境还是在逆境，在欢乐的时候还是在烦恼的时候，在幸福的时候还是在痛苦的时候，都能够矢志不渝，始终以坚强的毅力，百折不挠地奋斗去实现自己的理想，这种精神，才是真正体现了共产党员的高尚品德，这种精神将感召人的心灵，使人获得力量，将净化社会，推动社会风气的好转。

刘毓标政委走了！他带着硝烟中留下的许多伤痕，带着生命的凯旋走了，他的高尚品德将永远活在我们心里，与世长存。

潘澄

深切怀念老政委刘毓标同志

4月的一天，传来了刘毓标同志逝世的噩耗。我不禁愕然、怅然，读着讣告，阵阵悲痛和怀念的心情在我心中不断涌起。

刘毓标同志，是我的老领导、老政委。他1927年就参加革命工作，今年他离开我们时已90高龄了。在他70年的革命生涯中，他为党为人民建立了卓越的功勋，他领导过农民暴动，建立了皖南第一个苏维埃政权，经历了艰苦的三年游击战争,身负重伤,陷敌囹圄,经党组织营救出狱。参加了八年抗日战争,三年解放战争,1953年,他又率领装甲兵部队到了朝鲜。以后却因为历史原因而被迫离开了部队,转到地方工作。数十年的革命岁月,在精神上肉体上,受过多少委屈和磨难,在这种种考验中,能做到襟怀坦荡、忍辱负重,始终保持着一个老党员的高度觉悟,一个老红军的高尚情操。正如古语所说:"君子坦荡荡,小人常戚戚"。他这种对党坚贞不渝、坚强乐观的精神,是我和同志们都非常敬佩的。

我在1948年5月调到华中十一纵队三十二旅九十五团后,在旅政委刘毓标同志领导之下工作。以后在二十九军军政治部民运部、保卫部工作期间,他是政治部主任后任政委,我一直是他的老部下。在他的领导下,我经过了苏中的敌后斗争,在进入战略反攻时,又参加了淮海、渡江、淞沪、福州、漳厦诸战役,一起渡过了战争年代的最后阶段,直到建国初期,1950年底二十九军改编时才分开。在这将近三年的相处中,得到刘政委很多教诲和帮助。刘政委在工作中具有坚强的党性原则和组织观念,严谨踏实的工作作风,给部属做出了很好的榜样;他对干部的关心爱护,是体现在对干部的严格要求,经常的检查指导,注意不断地培养提高干部工作能力上;他善于发扬民主,使干部能畅所欲言,他的这些优良作风,深得下属干部的交口称赞。我在老政委的领导下,心情舒畅,愉快地积极地去完成任务,这也是我一生中常在怀念的愉快的一段工作经历。

刘政委善于把握形势,以大局为先,及时地做好干部的思想工作。记得在1950年的上半年,部队驻厦门时,他从南京开会回来,有一天他同部长们谈话。他叙述了军区陈毅司令员的讲话,其中特别传达了陈老总对军级干部说的一句话:"你们的发展已经到顶了"。（大意）因为在取得全国胜利之后，国家的整个格局已定下了，军队在前几年解放战争中，那种大规模的发展壮大，已经告一段落。这意味着部队今后的发展，必然是要走"精兵之路"。这就要求我们有新的认识，新的奋斗目标。只有不断地努力学习，提高自身的素质，才能提高工作质量。这一席话，我深刻地印在脑海中，在以后的工作中，我不断地加深理解，通过学习来提高工作质量，做出成绩。

60年代初，我和刘政委已相别十年之久。有一次，他来北京开会，利用会议休息和另一位战友来我家做客，我们久别重逢，都非常高兴。那时他已蒙冤受屈，离开部队转到地方工作了。虽然如此，他仍然保持着旺盛的工作热情，毫无委屈消沉的形态。这一次，他和我们谈了一个"老脑筋"的话题。他说，人们的年龄随着岁月的增长而增加，人的记忆力也可能会有减弱，新的事情往往容易忘记，旧的事情却记得比较清楚。这就是所谓的"老脑筋"。其实，应该认识到这是对新鲜事物认识不足，学习不够，如果漫不经心，不加警惕，失去敏感性，以至造成思想上迟钝，那将落后于时代。所以说，每一个革命工作者都要学习、学习、再学习，认真做到"活到老、学到老、改造到老"。刘政委的这次交谈，不但是重温了我们过去上下级之间亲密的革命情谊，又一次使我得到了很好的启迪。领会到在今后的工作中，必须加强学习，提醒自己要时刻注意，不要以"老脑筋"来面对新事物。刘政委的革命一生，他淡泊名利却又前进不辍，他平易近人而诲人不倦，他的这份革命友情，使我得益匪浅，终身受用。

"文化大革命"中，刘政委备受迫害，深受煎熬。他以坚定的革命意志，凛然正气，作了顽强的斗争。在打倒"四人

第九章 战友怀念，留芳在人间

帮"以后，党和政府落实干部政策，老政委也得到了彻底平反，我听到消息也为之额手称庆。不料今年老政委在久病之后，离开我们而去，当我在石子岗瞻仰老政委的遗容时，深感悲痛难忍，更惋惜我们的党又失去了一位优秀的老党员、好同志。

一个人的生与死，是不能违反自然规律的，难得老政委在经历坎坷的一生，而以 90 高寿告别人间，这也证明了他的一生坚强、坦荡，一生对党对人民的无比忠诚，他艰苦朴素，不骄不躁，平等待人，当我和几位老同志谈到老政委时，总是对他怀着无限敬佩怀念之情。毓标政委离去了，他的一切优良品德，将长存在我的心中，他是我终身的学习榜样。

今天，我写这短文，以表达我深深的哀思。

刘毓标同志，我的老首长、老政委，请安息吧！

金瑞伯
一九九七年十月

刘毓标政委是我们永远学习的榜样

今年 4 月 25 日，我们敬爱的老首长刘毓标同志不幸与世长辞！惊闻噩耗，悲痛万分！

我和老首长在一个部队工作时间并不长，从 1947 年夏到 1950 年冬。他时任我们的旅政委和军政治部主任、政委，我在团任政治处正、副主任，副政委。工作接触不算多，但首长慈祥和蔼，关心部属却给我们留下了深刻的印象，至今难以忘怀。下面谈几点自己的亲身感受，缅怀首长，以志悼念！

1948年12月，淮海战役第三阶段围歼杜聿明30万军队之际，我们团副参谋长（参谋长空缺）陈彬同志不幸中弹，光荣牺牲。战役结束后，我团转至两淮整训，做渡江战役准备。军、师首长研究决定要我由团政治处主任改任参谋长。当我听到这个决定后，思绪万千，坐立不安。觉得自己长期做政治工作，虽无建树，但较为熟悉，在战争年代，军事干部伤亡后，一时无人接替，我也曾短期兼任过连长、营长职务；但我觉得自己做政治工作更加合适。当时，我鼓足勇气，把我的想法反映到师。刘政委等首长再三斟酌考虑后，同意了我的请求，决定我不改行，任命了兄弟团的陈龙泉同志到我团任参谋长职务。这是我参军、入党后第一次向上级提出的个人请求并得到了满足，我从内心深处感激刘政委等首长知人善任的工作作风，更激励了我做好本职工作的勇气和信心。

首长十分关心下级，不仅从政治、思想上教育、关心干部，还特别关怀部属的家庭婚姻问题。战争年代，部队干部的结婚条件有着严格的规定，即28岁，5年党龄，团的职务。但仍有不少已达到上述条件的同志，为了全中国的解放，无暇顾及个人的婚姻问题。全国解放后，组织和领导都很关心这部分同志的婚姻问题。我本人就是在厦门解放后，经组织帮助并同意，开始考虑个人婚姻问题的。当时老首长是军政治部主任，还曾在某次会议上热情关切地提及此事。部队于1950年冬转改空军十一师，调驻徐州，正好1951年初老首长调任华东装甲兵政委，也驻在徐州。虽然我们与老首长已不属同一部队，但我们师与老首长的联系从未中断过。在交往中，首长得知我

第九章 战友怀念，留芳在人间

师相当一部分团职干部，年龄在30上下还未成婚，加之，新到一地，人生地不熟，部队女同志又少等原因，这部分干部的婚姻问题也就成了首长的一块"心病"。在老首长的关怀积极努力和协调下，从华东装甲兵所属单位调出十多名女同志到空军十一师，帮助我们解决了这一"难题"，我师两个飞行团的团长、副团长、大队长、政委等同志很快成了婚。事后我们在一起谈论时，无不盛赞首长热忱关心，帮助部属的高尚品德，大家感激万分！

首长有着平易近人、和蔼可亲、待人宽厚的长者风度。记得1980年前后，我路过南京约了李松林、蓬飞等同志一起去看望老首长。首长看到我们非常高兴，热情亲切地与我们交谈，特别是述及"文化大革命"中的人际关系，大家感慨万分！我们无拘无束，谈得很投机。快11点了，我们起身告别，首长热情真诚地要留我们和他家人一起吃顿便饭。我们不便推辞，大家边吃边谈，感到心里热乎乎的。此情此景至今难忘！

首长的一生是为革命事业奋斗的一生、光辉的一生，是我们永远学习的榜样。

丁瑞根
一九九七年八月于苏州

深切怀念刘毓标老首长

我们旅（十一纵队三十二旅）、师（二十九军八十六师）

第九章 战友怀念，留芳在人间

的老战友相叙时，一提起刘毓标老首长——这位有着70年革命斗争经历的老领导，无不赞叹他是继承我军优良传统的典范。

刘毓标老首长曾经是我们旅、我们师的政治委员，我就在他领导下的团、队工作。他平易近人，和蔼可亲，爱护干部，体贴入微，循循善诱，耐心教导，使我在革命的道路上倍增力量。桩桩往事，至今仍记忆犹新，令我终生难忘。从我亲身经历的几件事中就可折射出老首长刘毓标的风采。

1947年5月，我们九十五团驻扎在小海东南的万盈墩，旅部设在大桥。一天，旅部通知我团参谋长谭继诚去开会。谭参谋长要我（当时我任团部作战参谋）跟他一起去旅部参加会议。一到旅部即遇到了刘政委，开始我还有点拘束，但他热情地接待了我们。这位旅首长一点没有架子，一边倒茶，一边仔细询问部队状况和战士们的情绪，一下子拉近了我们上下级之间的关系。他和蔼亲切，待人坦诚，给我留了深刻的印象。这是我第一次见到刘政委。

1947年12月底，在盐南战役卞仓战斗中我负了重伤，到野战医院二队三室治疗。我们住在东台以东的青竹山、鱼舍，当时敌人正由南向北进行"扫荡"，在离我们驻地约20余里时，医疗队领导动员我们到海边打埋伏并讲如果敌人发现，大家可到海里去避避。在这种情况下，我们几个伤员如俞作则、朱银居等同志商量，自己组织起来，动员工勤人员、轻伤员以及当地群众，相互帮助向北转移。途中，遇到华东裕华公司正在运输物资，该公司的一位领导同志见到我们，主动把运物资的牛车让出并说伤员比物资更重要，先把伤员运走，大家都很感动。这样，我们顺利到达了龙王庙，后又转移到兴化地区。

正巧，我们团当时驻在兴化境内的尚庄一带，旅部在沈家埭。适逢新春佳节，我们团的几个伤员和九十六团的俞作则同志一起回到了团部，团首长亲切关怀，热情招待，使我们感到很温暖。大家也汇报了在医疗队遇敌"扫荡"时如何转移的经历。这件事不知怎么让旅部知道了，旅首长刘政委把我们都找到他的住地，详细询问了我们每个人的伤势和治疗恢复等情况，当时我们都很感动，向政委叙述了在青竹山、鱼舍的转移经过。刘政委赞扬了我们的做法并指出医疗队的态度是不对的，讲要向野战医院反映此情况。他还针对我们当时担心自己负了重伤不能重返战斗岗位的想法，耐心开导我们说，部队不能缺少经过战斗磨炼的骨干，安排我们好好养伤，争取早日返回部队，同时还详细分析了当时的形势。刘政委的一席话，极大地鼓舞了我们的斗志，大家都安心养伤，很快就重返了前线。

我回团后，团首长要我负责组建教导队工作。第二期开学不久正值淮海战役前夕，为了培养和保存干部，纵队成立了教导团，各旅的教导队都奉命调集，我们旅的队编为教导团第二营。我离旅去纵队集中之前，旅政委刘毓标老首长亲自找我谈话，他除了阐明教导队工作的重要性以外，还特别强调要我去任教导团二营党委书记，当知道我一直担任军事工作后，刘政委详细讲了党委工作的内容、任务、方法、要求，还教我怎样当好党委书记，如何团结好其他队的领导干部一同搞好工作等。这语重心长的教导，我时刻记在心上。在以后漫长的岁月中，即使遇到了不少困难，只要一想起老政委的教导，立刻感到有无穷的力量，增强了我克服困难的勇气。

刘政委转业到江苏省工作后，我们在宁的几位同志如俞作则、彭利根、承民曾多次去看望他。每次去看望，他都热情接待，并对我们的工作、生活、家庭一一问明，始终对我们充满关怀，每次去我们心里都感到热乎乎的。

刘毓标老首长虽然离开了我们，但流逝的岁月，并没有冲淡我的记忆，老首长的一言一行，仍历历在目，宛如昨日，我将终生难忘。

周喔
一九九七年九月

缅怀我们的老政委刘毓标同志

今年 4 月下旬的一个下午，突然接到刘毓标同志逝世的讣告，我不敢相信，即打了电话去问赵倩同志。因不久前为编印八十五师战友通讯录，需要老首长写个题词，我与张德冠同志特地到他家，一面看望老首长，一面请他题词，没有想到在很短的时间里老首长突然离开我们了，当时我的心情非常沉痛，思想好久不能平静下来。今年是他 90 岁的生日，我与一些老同志曾商量过，想给老首长祝祝寿，没有料到他会这样快离开我们。

刘毓标同志是位好领导，他作风正派，对人非常热情，平易宽厚待人，关心干部、团结群众，善于发挥干部、群众的积极性。他在蒙冤受审期间始终以党和人民利益为重，不计较个人得失，忍辱负重，不计名位，襟怀坦荡，坚持党性原则，严于律己，兢兢业业做好党的各项工作，表现了一个老共产党员的铮铮铁骨和崇高气节，是值得我们永远学习的榜样。

他在南京工作、生活数十年期间，对我印象比较深的一件事是在1977年10月间，我爱人沈璇同志患红斑狼疮逝世。他和陈玉生两位老领导知道这个消息后，步行来到我家（两人都是70以上的老人）向我表示慰问，并亲自到沈璇同志的工作单位、市口腔医院关心询问筹办治丧的一些情况，还亲自参加沈璇同志的追悼会。当时他们都刚刚恢复工作，刘政委出任省革命委员会顾问，能对过去的老部下这样的热心关心爱护，真使我们全家都受到感动，使我终身难忘，亦体现老一辈革命同志互相之间的革命友谊，这是一种非常可贵的革命友谊和崇高的品德。今天缅怀悼念老一辈，就是为了学习他们的革命精神和崇高品德，把这种精神与品德永远发扬下去。

荀毅抗
一九九七年六月三十日于香港回归前

精神风范昭后人——忆刘毓标政委

刘毓标同志是久经考验的共产主义战士，是人民军队的优秀政治工作者，他在70年漫长的革命生涯中，始终坚贞不渝地忠于党、忠于人民，为党的事业无私奉献了毕生的精力，是我们非常敬重的一位老首长。这里仅就我们所记忆和了解的情况，对老首长的崇高风范和可贵精神作一些追忆，一抒我们对老政委的深深怀念之情。

第九章 战友怀念，留芳在人间

谦让权位见大节

华东军区装甲兵，是 1950 年 11 月组建的，我在司令部机要科工作。当时何克希同志任司令员兼政治委员，肖锋同志任副司令员，刘毓标同志任副政治委员。1952 年何克希同志调军事学院装甲系工作，刘涌同志接任司令员，刘毓标同志任政治委员。何克希同志走后，组建华东军区装甲兵新的党委常委班子。刘政委亲自起草了一份机要电报，发给华东军区党委，他建议华东军区装甲兵党委书记由刘涌同志担任，他任副书记。他在电报上写的主要理由是刘涌同志担任正军职时间较他长（刘涌同志是三十二军军长调来的），装甲兵是技术兵种，技术性能强，刘涌司令员任党委书记较为合适。按照我党我军的传统，一般情况，政委任党委书记，军事行政主官任副书记，而且刘政委调华装之前已是二十九军政委。但他真诚谦让，表现了他站在党的事业和部队建设全局高度想问题、干事业，为工作主动让贤的政治气度，是真正人民公仆本色和情怀的体现；也充分反映了刘政委对党的事业、对部队建设高度负责的精神和肝胆照人的坦荡情怀。"名利淡如水，事业重如山。"刘政委始终把党和人民的利益摆在第一位，对党的事业和军队建设尽心竭力，实事求是，不图虚名；对同志宽宏厚道、胸怀坦荡，正是他最可贵的政治品格和高风亮节。他发的这份电报，至今在我的脑海里，仍留有很深的印象。

严于律己显风范

机要科隶属司令部，由于机要工作掌握党的核心机密，我军的传统，政治委员亲自管机要部门，所以刘政委和我们机要科编在一个党小组,参加我们小组组织生活。他平易近人,不摆架子,每次过党组织生活,总是以一个普通党员的身份参加小组会,汇报自己的思想,主动开展批评与自我批评,自觉接受群众的监督,每月按时交纳党费。我们小组有个别同志不安心机要工作,认为做机要工作没有出息。他在小组会上讲了机要工作的重要性:"机要工作是党的重要工作,是党的咽喉,是党的耳目,党把这样重要的工作交给你们,是对你们的信任,是光荣的任务。你们要热爱本职工作,忠于职守,严守保密纪律。"他还在小组会上介绍了自己在白区做秘密工作和三年游击战争时期艰苦奋斗,忠心耿耿为党的事业奋斗的经历。要求我们在各种风浪和诱惑面前经受住考验。在老政委的关怀、谆谆教育和他的模范行动启迪下,我们受到了很深刻的教育。他的品格风范是我们做人和处事的楷模,从而使我们能够更好地成长和进步,为党和人民的事业作出应有的贡献。

家风清正葆本色

我在华东装甲兵司令部机要科工作期间,在司令部支部担任支部委员,机关同志都普遍认为:刘政委清廉朴素,是老红军的本色,对同志对部下,既热情又诚恳。老政委家搬到南京后,我们每次去看望他,总是热情相待,问长问短,平易近人,使我们感到亲切而不拘束。刘政委家有好家风,他和赵倩同志对子女教育要求严格,所以他家的孩子待人接物很有礼貌,很有教养,成长得都比较健康。

1972年底,老政委怀着对装甲兵的深厚感情,亲自把华苏、华建送到坦克二师来当兵,当时我在坦克六团当政委,刘政委对我们讲:"我把两个孩子送到你们这里来,你们要严格要求，使他们当个好兵。"华建分到六团，华苏分到七团，六团与师招待所有段距离的路程，华建剃着光头，背着背包步行到六团报到。华建在连里和其他战士一样摸爬滚打，公差勤务等各项工作抢在前头，六团从战士到团的领导都认为华建没有高干子女的样子。这与他家庭的教育是分不开的。华明、东东出差路过徐州看望华建，我们考虑到他们不认识到六团的路，就派车到车站去接他们。1978年，我到南京开会，到老政委家看望他，他怪我说："小孩子到你们那里，你们还去接。"老政委对子女的严格要求，对我的责怪至今难以忘怀。老政委的为人品格和精神，将永留我们心中，永留天地之间。

李怀礼　郑锦云

遥祭老政委刘毓标同志

老政委离开我们快一周年了。我深深地怀念着您！记得去年初夏，当我得知您与世长辞的消息之后，万分悲恸，真想赴宁向您告别，为您送行。无奈，当时妻患病卧床，未能成行，实为憾事。而今，在敬爱的老首长谢世周年之际，我强抑悲痛，特将我与老政委的交往，挥泪铭志，以慰英灵，以寄哀思。

建国之初，为适应国防现代化的要求，华东军区的坦克部队有了飞跃的发展。1950年秋，成立了华东军区装甲兵司令部，由原来的一个坦克师，逐渐发展为两个坦克师，两个训练编练基地（师级），三个独立坦克团，一个水陆坦克教导团，还为十几个步兵师组建、装备、代训了坦克自行火炮团，部队的发展具有了相当的规模。

在部队的大发展中，我于1950年冬调装甲兵政治部组织部当干事，分管党务工作，有时兼作党委秘书。为了加强对装甲兵建设的领导，上级派刘毓标政委于1951年初来装甲兵工作，由此我们相识。由于老政委人品好，党性强，阅历广，经验多，既善于团结同志，又密切联系群众，具有较高的领导水平，在短短的几年之内，他与司令员刘涌同志一道，带领党委一班人，团结奋斗，不但完成上级赋予的各项任务，而且为装甲兵部队的建设理出了头绪，并打下了坚实的工作基础。

刘政委来装甲兵之后，遇到了一件大事，就是完成接待毛主席巡视徐州的光荣任务。1952年深秋，毛主席南巡要来徐州巡视。华东军区将接待任务交装甲兵负责。党委当即进行十分认真的研究，并作了秘密、周详的安排。确定将装甲兵外宾招待所作为毛主席的歇息之地，对内外保卫工作也作了周密的布置。

刘政委对机关部队的思想建设抓得很紧。那时正值"三反"运动之后，他特别注意抓艰苦朴素、勤俭建军的思想教育。他在作报告时常说，住进城市，不要忘记乡下，住上楼房还要想到农村，贪污腐化不能搞，铺张浪费不能干，千万不能因为我们是特种兵，而大手大脚，相反我们更要注意爱护武器装备，一滴油、一个螺钉也是人民的血汗，不要忘了本，不要忘了祖宗。他不但这样教育别人，而且自己身体力行。记得有一次，我随他出差，在车上我问他晚饭想吃点什么？他说："简单点，吃饱肚子就行，想喝杯酒，好睡觉。"我问用什么

第九章　战友怀念，留芳在人间

菜下酒呢？他说买个炒面就行了。用餐时，他边吃边说，你看这炒面既当饭，又当菜，还省钱，不是蛮好吗。而后，在返回徐州的车上，不供应炒面了，我在订饭时就自作主张，订了三个普通的菜，又要了一个汤，进餐时，他一看就说，你怎么搞了那样多花样。我说，我们三个人（包括警卫员）一人一个菜不算多，而且伙食费也没有超支。他若有所思地说：刘一啊刘一，你不要给我算账了。他深沉而严肃地又说，我们的国家还很穷，人民生活还很苦，朝鲜还在打仗啊！我们还是自觉地过点苦日子，能省几个是几个，要为国家分忧才好。老政委，当我写到这里，思绪万千，不能自已，我将铭记您的教诲，永志不忘。

老政委在工作中非常注意对干部的培养，而对年轻干部的培养更费心血。那时，部队指战员的文化水平很低，文盲不少，这同加速装甲兵建设是很不相适应的。于是，政委对文化教育抓得很紧，党委经常研究布置，他自己不断下部队检查督促。对文化学习的后进单位，除严肃批评外，还帮着下面分析原因，并限令他们拿出既定的措施。他参与创办了装甲兵学习文化的速成小学，就连文教办公室开办的文化教员集训班，他也要亲自讲话，鼓励大家为文教事业而献身。特别是他对各级领导干部的说服教育工作，做得更细更经常，务使他们带头学习，并重视对文化学习的领导。他说，毛主席说过，没有文化的军队是愚蠢的军队。又说，要加速装甲兵部队的建设，光有坦克装甲车等先进的装备，而没有高素质的指挥员和坦克乘员也是白搭。部队文化水平低，是我们前进道路上的拦路虎。同时，他还指出，我们的干部战士绝大多数都很年轻，他们觉悟高，打过仗，本质好，就是文化水平低，缺少科学知识，我们各级领导干部,有责任帮助他们改变这种状况,否则是对不起他们的。过去,行军打仗多,学文化有一定的困难,现在再不抓紧,就要犯历史性的错误了。他的这些话,是具有战略意义的英明之策;这些举措的实施,为我们部队培养了大批的建军之才。现在我们干休所的老坦克兵中,不少人就是那时学了文化而逐渐走向领导工作岗位的。

老政委对年轻干部的培养,主要用鼓励上进的办法。他常说,年轻人精力充沛,好学上进,只要引导得法,他们会用功学习,积极工作的。同时,他也常向青年人提出忠告,要他们好好利用业余时间,少跳点舞,少打点牌,多读书看报,只要坚持不懈,总会有成效的。平时,他对我要求也是很严格的,在旅途中,在车厢内,常与我交谈,问我读些什么书?学习有无计划?有些什么学习心得体会?当我一一向他汇报之后,他说,你有一定的文化底子,又经过了基层锻炼,可不要自满止步啊!古人说,学无止境么!同时,还要求我大胆在实际工作中锻炼自己,不断积累经验。记得有一次我随他去洛阳一个基地参加他们的党代表大会。我们刚到洛阳,装甲兵机关打电话来说,坦克独立五团最近也要召开党代表大会,请政委前去参加。当时基地的会尚未结束,他对我说,一个团开党代会是件大事,作为上级不去人不好,但我的事情还未办完,不能抽身前往,你代我去一趟吧。我慎重考虑之后,觉得自己年轻,仅是个营级干事,水平差,职务低,不宜担此重任。就对他说,我这个秤砣太小了,压不住啊!当不了这个代表。政委严肃地说,那你说要多大的秤砣才合适啊!我说,人家请您去的,我怎能顶替呢!他耐心地对我说,我们这些人,作为个人来讲,都只是沧海一粟,是渺小的,但若作为一级组织委派的代表,秤砣再小，也是有分量的，不要妄自菲薄，你现在都 20 好几了，还小啊！我 20 多岁就当县委书记了，还独当一面呢！你大胆去吧。我请示他，万一人家要我在大会上讲话，咋办？他笑笑说，不难。你前些时写的关于召开党代表大会的经验通报，我看写得还可以，如果人家要你讲，你就讲这个，这叫送经上门。这件事，我至今记忆犹新。他一直鼓舞着我，鞭策着我，使我受益匪浅。我怀着感激之情，追忆着这美好的过去，同时也使我更加思念我的老政委，我的好师长。

刘政委 1954 年离开装甲兵去南京军区学习，尔后又听说他因故转业地方脱离军队了，我们不少人都为他感到惋惜。然而，在他离开装甲兵之后的漫长岁月中，他仍一往情深地关怀着我们部队的建设，关注着我们这些老部下的情况。每当我去南京到他家去看望他时，他们夫妇俩对我十分热情，几乎每次都要留饭。在畅谈中，我们很少谈及私事，他总要我多向他介绍部队情况，部队有些什么变化？最近有些什么长进？有没有出岔子等等。对一些老部下，也都要一一问到。同时根据他的观察，对党内生活和社会上的一些不好苗头，都向我提出忠告，要我引起注意。他仍然从政治上关怀着我。

60 年代初，他常陪管文蔚副省长率江苏省慰问团来徐州劳军。有一年，我随杨金山师长去市南郊宾馆看望他，见面之后，他高兴地对杨师长说：这几年你们工作很有成绩，与地方关系处得不错，告你们状的人少了。市里领导都说你们的好话呢！最了不起的，你们出了个王杰。可喜可贺，但也可惜，年纪轻轻竟牺牲了。防止事故，减少不必要的伤亡，可是件大事啊！

那时，国家经济困难，部队粮食不够吃，副食不多，部队中也有闹浮肿病的现象发生。他十分忧虑,杨师长向他汇报说:我们近几年种了几千亩地,每人平均半亩还多,打了不少粮食,解决了部队和家属口粮不足的问题。他连连点头说,这就好,这就好!你们到底是老部队,老传统没有忘。毛主席在延安时就说过,自己动手,丰衣足食。活人那能让尿憋死,你们干得不错。最后他一再问部队还有些什么困难,说我虽帮不了大忙,为你们向市里说说,请他们帮帮你们,当个红娘还是可以的吧!老首长对部队的深情厚谊,真叫人感动,叫人难忘啊!

  刘政委对装甲兵部队建设的关心,是始终如一的。70年代初,在他刚恢复自由不久,他们老夫妻俩领着他们的两个爱子,送来部队当上了光荣的坦克兵,后来他俩经历了扎实而漫长的艰苦锻炼之后,兄弟俩先后走上了部队的领导岗位。子承父业,继往开来。老政委在九泉之下,定会感到宽慰的。

  还有一件事,也是不能忘怀的。就是当我们这些老坦克兵年事已高,大都退居在干休所之后,他仍为我们的生活操心。90年代初,他们夫妇俩来徐州小住,有一天我们几个老同志去看望他们,他说,徐州这地方好,在这养老不错,希望大家好好安排生活,安心安逸度晚年。有人说,这里好是好,就是冬天冷了点,烤火煤球不够烧,地方上规定每个离休干部一年有300个煤球票的补助,部队老同志不在此列。他接着说,这个要求我看是合理的,不算搞特殊化,我帮你们反映反映,请市里帮助你们解决。正在议论中,徐州市何赋硕市长也来看望老首长,老政委一见面就说,老何啊,你来得正是时候,他们部队老同志生活上有些难处,你们市里能不能帮帮他们啊!何市长知道是烤火煤的事之后,当即表态说:过去我们不了解情况,没有把部队老同志的这个问题考虑进去,我看要求是合理的，估计解决不难，我回去和其他有关同志商量之后，正式答复你们。当年冬天，我们每家领到了300个煤球票，心里热烘烘的。300个煤球票看来是件区区小事，但它对我们这些无钱无权的人来说，要解决它真是难啊！刘政委把小事当成大事来办，因为他心里装着群众，装着党对老同志关怀的衷情！

我和刘政委相识在50年代，相处在和平的岁月。而刘政委却是个红军老战士，是个能征善战的指挥员，他曾在漫长的岁月中，纵横在血与火的战场上，与国民党反动派，与日本法西斯，进行过殊死的搏斗。英雄业绩，可歌可泣！然而，在我的这篇简短的文字中，既不见金戈铁马，也不见刀光剑影，只是记叙了我们相处中的一些琐事。我以为从这些琐事中，不也一样折射出一个具有高尚品格的老共产党员的形象吗？！

刘政委生活在我们之中，他是平凡的，也是伟大的。他比我们想得更多，做得更好，今天很多人都在怀念着他，这完全在情理之中。

敬爱的老政委刘毓标同志，您永远活在我们心中。

刘一

怀念刘毓标同志

刘毓标同志离开我们一年了，他的音容笑貌，一直浮现在我的眼前，他的高风亮节，永远铭刻在我的心中。

刘毓标同志，曾经是指挥千军万马的将军。到省民政厅担任党组书记、副厅长，显然是遭贬的（十一届三中全会之后得到平反），他对待这种不公道的待遇，坦然自若，没有表现任何的不满和懈怠。他以谦容诚恳的态度，学习热衷新的工作。尊重同级干部，遇事从不轻易首先表态。主持厅党组会议，厅务会议，认真听取大家意见，直到让人把话说完。这种领导艺术和民主作风，受到大家的赞誉和尊重。

1991年在江苏徐州，与何赋硕（右）合影

刘毓标同志，作为参加第二次国内革命战争的老同志，有着丰富的实践经验，开始对民政工作虽然比较生疏，但也应该是不难驾驭的。而他总是那么谦虚、谦让，且又严肃、谨慎、认真，充分显示了一位领导者的政治素质和风度。民政工作的主要业务，是优抚、救灾、救济、民主建设等。工作重点在农

村和贫困地区。到这些地方，调查研究，安排工作是经常性的，很多次刘老都是亲自参加。我当时是优抚局长，自从刘老到民政厅后，得到他很多指导和支持，优待烈军属，保障他们的生活，是党的政策，也是政府工作的重要内容，其目的在于解决现役军人的后顾之忧，使他们更好地为革命战争服务，为国防建设服务。优抚办法，在抗日战争、解放战争期间和解放初期，是动员组织群众代耕代种。50年代中后期由于实行合作化、人民公社化，代耕代种的办法，被优待"劳动日"所替代。那几年的农村经济，受到严重破坏，农民生活发生极大的困难，优待"劳动日"出现了复杂的情况。比如，优待"劳动日"从何提取？从公益金中提取，入不敷出，难以兑现，从总收入中提取，因为要巩固人民公社，各地控制较严。因而许多地方优待对象的生活，得不到稳定。加之人民公社管理混乱，工分值不稳总是大量贬值，优待对象的分配指标，得不到实际保障。为解决这个问题，我们做了大量的工作。反复到苏北革命老区、贫困区农村，和地、县民政部门一道进行调查，摸清情况，研究问题，提出办法，征求当地党政领导意见，经报告省委、省政府批准执行。执行中还督促检查，纠正偏差，召开若干会议，总结交流经验，直到1963年才基本稳定下来。这些调查研究，有的是在盛夏酷暑，有的是在天寒地冻，多次都是刘老亲自率领我们进行的。他和我们一起算账，一起研究问题，和我们一起吃、住在生产队，对落实和完善优待"劳动日"的办法，刘老是作了重要贡献的。

优抚工作另一项任务是拥军。一方面要经常地通过有关方面为部队解决一些问题，另一方面是对军队进行慰问，加强部队与地方的联系，消除隔阂，增强团结。慰问活动，一般都放

第九章 战友怀念，留芳在人间

· 231 ·

在每年新年和春节期间。组织若干慰问团,分赴地、市结合他们一道进行。慰问方案由省民政厅提出,经省委、省政府领导批准实施。每次活动,省领导都严肃强调,作为政治任务搞好。我们有拥军的优良传统,有长期工作的经验,有热爱人民军队的思想基础,每年活动都达到预期效果,军政军民关系越来越好。每年刘老都要率领一个慰问团,深入部队,执行慰问任务。他特别重视做剧团的工作,他说搞好慰问靠剧团,靠主要演员。他总是亲切地关心剧团的生活,特别是演出时的就餐他更关切。他和剧团领导,主要演员关系亲密。1962年春节慰问,他率领省京剧团在滨海慰问驻军,天气寒冷,滴水成冰,演出会场没有暖气,他生怕冻坏演员,连连跟场(主场之后慰问团首长可以不参加其他场次),剧团同志很受感动。一些主要演员,如周云霞、周云亮姐弟等,在演出之后,或休息时间,经常来看他。外出活动,演员跟随左右,简直是前呼后拥。演员们说这是对他的"保卫"。这话固然带有玩笑意味,却也情真意切。当时他已50多岁,而其他人都还年轻,出于对将军的尊重和爱戴,大家视他为长辈,生活上给些关照本是情理之常,而他总是客气,不肯接受。一次夜间慰问归来,他洗脚之后,要倒洗脚水,因他穿的是高筒长带靴,穿起来很费事,在旁的一位同志,弯腰端起,泼出门外。这是一件小事,刘老却非常不安。第二天他和大家闲聊,婉转说明自己有自理生活的能力和习惯,意在说服大家不要过多地照顾他。从这里我们可以看出刘老为人的高尚情操。

当年对徐州驻军的慰问,领导上特别关注,因为军队建制归济南,行政区划属江苏,为减少军队的负担,多数是两省联合慰问。双方派出的慰问团,阵容都很强,旗鼓相当。1963

年春节，山东派来吕剧团，郎咸芬主演，很受军队的欢迎。江苏派来的是省歌舞团，说实在的，江苏歌舞团是很强的。由于当时大家不习惯看歌舞表演，希望看江苏锡剧团。徐州市、地领导向刘老汇报，当时他未置可否。之后要我向厅里汇报，向省委反映，省长问："锡剧团为什么不派往徐州？"有关部门领导说："考虑节日期间，南京要留个主要剧团。"省长说："这是首都观念。"鉴于锡剧团已经卖票，于是决定锡剧团节后到徐州补演。军地双方都很满意。

  刘老高尚的思想品德，受到干部群众普遍称赞，赢得大家的爱戴。而我对刘老的崇敬，还有另外一番情缘。1941年冬，我在新四军军部，听过刘老作的传达报告。谈到1942年要打败希特勒，1943年打败日本帝国主义。当时这是很振奋人心的消息。后因同盟国推迟开辟第二战场，使得打败德日法西斯的时间有所推迟，但他这次报告，一直留在我的记忆里。1962年，我们完成在盐城地区的慰问回宁途中。当我说到军部电台大队总支书记郭力军同志受处分时，他惊讶地问我："你怎么知道的？"我说："我就在电台大队。"接着他说："那是饶漱石搞的冤案。"并且说，"我也在军部呀！"我问是哪个部门？他说："直属政治处。"我情不自禁地问："你就是刘主任吧！"他说："是的。"我把当时他的着装、举止、会场、时间等诉说了一遍。他说："你记得真清楚！"从此我更加亲近他，信赖他，我们无话不说。我离开民政厅之后，每次见到他，他总是深情地问长问短，总是涉及到我家庭每个成员。他是我生平敬重的首长之一，我从他那里学到好多东西，非常怀念，他永远活在我的心中！

何赋硕 李舜富

第九章　战友怀念，留芳在人间

· 233 ·

尊敬的刘老,我们深切怀念您

刘老离我们而去已快一年了,他的音容笑貌还常常萦绕在我们脑际。每当我们几个在他领导下工作的同志相聚在一起的时候,总要想到他、谈到他、怀念他、尊敬他,他在我们心中留下了深刻的不可磨灭的印象。

党的好儿子

刘老在1927年4月就参加了革命,在那样白色恐怖笼罩着大地的艰难岁月里,他南征北战,出生入死,在枪林弹雨中和敌人搏斗,在困难曲折中和土豪周旋,从战士到将军,戎马半生,经历过多少悲壮的场面,走过了多少曲折的道路,对党对人民的事业作出了无私的贡献。这是永远载入史册的,也是我们深深敬佩的。我们和刘老相识是在1961年5月他从部队转业到地方工作的时候。那时我们两人都在江苏省民政厅,从事人事、组织工作。听厅领导传达,马上要来一位副厅长,党组书记,是部队的少将。很快反映到我们脑海中的是少将来当副厅长,够低职使用了。以后耳闻他在1955年审干中受到历史审查,因有所谓的"问题",未能作出结论,以致使他背上了沉重的包袱。可他后来和我们在一起工作的日子里,总感到他虽身处逆境而胸怀坦荡,虽受委屈而毫无怨尤。平时,他总是和蔼可亲,情绪乐观,性格爽朗,神态自若。"文化大革命"运动中,他又横遭迫害,再度审查。直到党的十一届三中全会之后，经过江苏省委复查，澄清了事实真相，于 1979 年担任了江苏省政协副主席。1995 年 7 月又经中央批准，享受正省级待遇。他确是一位不计个人得失，能上能下，宠辱不惊的好干部；是听党的话，忠心耿耿，一切交给党安排的党的好儿子。这种精神是难能可贵的，如果没有坚强的党性，没有对党的崇高信念，没有光明磊落的共产主义气魄，是难以承受当时沉重的挫折的。

人民的好公仆

民政工作是直接为广大人民群众服务的工作，服务对象面广量大。50 年代，国务院副总理陈毅同志曾谆谆教导各级民政部门要做好工作，"上为中央分忧，下为人民解愁。"刘老来江苏省民政厅工作后，他遵照这一指示，积极努力地完成优抚、救灾、救济等各项工作任务，一丝不苟地履行自己的职责。他关心群众生活，深入基层，调查研究，帮助解决群众生活中的各种困难，每当遇到旱、涝、冰雹、台风等自然灾害时，他就要带着一些同志亲赴灾区，检查、视察，把救灾、救济款落到实处，把党的温暖送到群众心中。对烈军属，残废军人，复员退伍军人，更是关怀备至，他深刻体会到做好这方面工作对巩固国防的重要意义，毫不含糊地结合实际，组织调研，制定优待政策，帮助他们解决生产生活中存在的问题。对一些重点困难来厅上访的优抚对象，也都具体要求接待来访的同志们帮助他们在生活上妥善安置，安度冬春。记得 1967 年春夏之交，刘老和我们都被靠边"检查"，并在接待室帮助搞接待优抚对象来访工作。那时正是大乱之时，宜兴乡下有一老年妇女烈属来访，要求解决生活困难，刘老已被"夺权"

"审查"，但他仍高度负责，建议要给她一些生活补助，并提出应派专人送回原籍，因当时交通阻塞，武斗时有发生，这位烈属年事已高，唯恐她遭到意外事故。由此可见，即使此时刘老已遭不幸但他考虑的仍不是自己的安危，而是对人民负责。

我们的好领导、好老师

刘老在江苏省民政厅工作期间，不仅是我们的好领导也是我们的好老师。他给我们的教益很多。他党性坚强，对革命事业无限忠诚；他坚决贯彻党的方针、政策，不折不扣完成党交给的各项任务；他胸怀全局纪律性强，善于团结同志；他严格遵守民主集中制原则，不将自己的意见强加于人；他为人正派，表里一致，言行一致；他工作认真负责，任劳任怨，无私奉献；他生活艰苦朴素，清正廉洁，严于律己，宽以待人；他虽身为领导，却把自己置身于群众之中，从不居功自傲；他对下级也很关心，体贴入微。记得60年代初，机关里经常派人下乡搞社教运动，这些同志除气候换季需更换衣服回家休息几天外，往往整整半年也不能回来，刘老总是语重心长地交待我们说：要常常去看望他们的家属，了解家中是否有实际困难，切实地帮助解决，以解除这些同志的后顾之忧。平时单位里有同志患病，只要他知道了，总要前去看望。有一次，毕萍同志生病，他得知后，特地和夫人赵倩同志一道前往探视，还亲切地叮嘱说："干革命是要有一股劲头，但也要注意自己的身体，因为身体是革命的本钱啊！"这看起来是件小事，却使人感到无比的温暖，让人难以忘怀。以后一段时间，我们虽和刘老分开工作，在每年春节时，总要去看望他老人家，每当此时，他总是兴致勃勃地问长问短，问这问那。即使在他逝世前两个月我们去看他时，他还坚持从床上坐起来，非常高兴地畅谈了有一个小时，他仍是那样的亲切，那样的慈祥。想不到这竟是最后的一次会晤。

刘老的一生，为革命事业奋斗了 70 个春秋，他鞠躬尽瘁，无私地奉献了毕生的精力，在长长的战斗征途中，他历经坎坷，始终不渝地忠于党，全心全意为人民服务。他不愧是久经考验的忠诚的共产主义战士，他崇高的革命精神和高尚情操，永远是我们学习的榜样。

郑率芬　毕萍
一九九七年十二月

忠诚的坚定的马克思列宁主义战士
——深切悼念刘毓标同志

我们尊敬的老领导刘毓标同志和我们永别了。我们怀着十分悲痛的心情深切地哀悼他，永远地思念他。他是一位具有高风亮节、受人爱戴的好领导，更是一位忠诚的坚定的马克思列宁主义战士。他从参加革命的第一天起，在整整 70 年的革命历程中，都能始终执著地追求马克思列宁主义，忠诚地拥护马克思列宁主义，坚定地执行马克思列宁主义，留给人们最鲜明、最感人、最具体的特征是在任何情况下都能自觉坚持"实事求是"这一马克思列宁主义的精髓。

梅花香自苦寒来。"实事求是"是马克思列宁主义的精髓,是毛泽东思想的精髓,是邓小平理论的精髓。这在理论上虽早有阐述,但在实践中却屡受尘封和冷漠,特别在党的十一届三中全会以前的十多年中,因林彪、"四人帮"的倒行逆施,使"实事求是"这一马克思列宁主义精髓遭到肆意的践踏和破坏,许多违反经济规律和自然规律的怪现象到处泛滥,直至党的十一届三中全会以后,在邓小平理论和党的基本路线的正确指引下,经过拨乱反正和实践是检验真理唯一标准的讨论,"实事求是"才被重新摆正,并确立其应有的重要位置,焕发出耀眼的光芒,把改革开放和现代化建设不断地推进。而刘毓标同志的难能可贵之处就在于,他忠诚地坚定地执行"实事求是"这一马克思列宁主义精髓,不但在党的十一届三中全会以后,而且在党的十一届三中全会以前的那十多年中。在那十多年,他既不随波逐流,也不唯命是从,而是敢于维护党和人民的长远的整体的利益,始终不渝地坚持实事求是的思想路线,不但表现出一个党的高级干部的超人素质,而且表现出一个共产党人的崇高情操。

刘毓标同志 1927 年参加革命,在革命战争中屡建战功,1955 年被授予少将军衔。令人遗憾的是,这位老一辈共产党人,虽曾于 1937 年在对敌作战中受伤被俘,在敌人的严刑拷打下表现出威武不能屈的凛然正气,但在"左"的思想影响盛行的那段艰苦、复杂、曲折的历史时期受到了不公正的处理而被解甲改行,降职分到江苏省民政厅担任领导职务。刘毓标同志到职任事后,虽蒙冤受屈,但无丝毫消极情绪,依然心胸坦荡,忠于党、忠于社会主义的信念和激情不变;忠诚而坚定地执行马克思列宁主义、毛泽东思想不变,积极地承担起主持全省民政工作的重任。为了清理一度泛滥的"左"倾思想以

第九章 战友怀念，留芳在人间

及由此而产生的一些不正之风的影响，首先在厅领导班子里力排众议，坚决把搞好调查研究摆在重要议事日程，并亲自带领工作人员走出机关，深入基层，深入群众，认真而虚心地征求基层意见，倾听群众呼声，发现问题，研究问题，解决问题；狠抓第一手资料，以作为制订规划，确立任务目标，进行重要决策的主要依据。与此同时，刘毓标同志还十分重视机关的思想政治工作，其目的在于调动机关的一切积极因素，挖掘自身潜力，集思广益，群策群力地做好各项工作。他经常主动地到同志们中去谈思想、谈工作、谈家常，研究解决在同志们中存在的长期束缚思想的认识问题；研究解决工作中的难点热点问题；研究解决对人构成严重困扰的生活问题。厅机关的同志都深深地感到刘毓标同志的作风是平易近人、光明磊落、淳厚正直、朴实无华的。自他主持省民政厅工作后，机关的工作氛围发生了很大的变化，大家感到心情舒畅了，能畅所欲言了，工作有方向了，力气有处使了。

刘毓标同志主持全省民政工作时，除受到许多不正之风的干扰外，还有一个很大的困难是民政经费严重不足。拥军优属、救灾救济等项工作是上为中央分忧，下为黎民解愁，关系到全社会安定团结的大局，只能做好，不能做差，可要做好没有经费怎么行？刘毓标同志在经过调查研究，广泛征求意见后，决定遵循实事求是的原则，相信群众，依靠群众，采取走群众路线的工作方法，集中群众智慧，发挥群众力量，从群众中来，到群众中去，发现典型，培养典型，总结典型，推广典型，积极地拓宽了克服困难，解决问题的渠道，大大缓解了民政经费严重不足的矛盾，使全省民政工作出现了前所未有的好局面。不幸的是这个好局面是短暂的，在史无前例的"文化大革命"风暴中又遭到了无情的挫折。

党的十一届三中全会后,刘毓标同志的名誉得到了公正的评价,恢复了历史的本来面目,担任江苏省政协副主席职务,并受省委、省政府委托负责重新组建江苏省民政厅,在组建起省民政厅不久便退居二线。刘毓标同志以后虽又由二线到离休,但仍老骥伏枥,壮心不已,在邓小平建设有中国特色社会主义理论和党的基本路线的指引下,继续关心民政工作,继续为改革开放和现代化建设发挥作用,奉献余热,直至生命的最后一息。

刘毓标同志历史上虽经受过磨难和坎坷,但他一生为社会主义革命和社会主义建设所作出的历史性重要贡献将永载史册,彪炳后世。特别使刘毓标同志引以为慰的是,他健在时已亲眼看到建设有中国特色社会主义伟大事业在邓小平理论和党的基本路线的正确指引下,在以江泽民总书记为核心的党中央的正确领导下已经取得了令世人瞩目的伟大胜利;他健在时已亲眼看到自己长期坚持的实事求是的思想路线已在运用和发展毛泽东思想、邓小平理论上发挥了应有的作用。

刘毓标同志永垂不朽!

梁茂亭
一九九七年十二月三十一日

刘老永远活在我们心里

老厅长毓标同志永远离开我们了。对于他的去世,我们是很悲痛的。前几年和梁茂亭等同志去看他时，身体还很好，和我们聊了半天，有说有笑。学做气功，一招一式，表演给我们看。最后还叫小孙子给我们照相留念。想不到他走得这样快，太突然了，临终前我未能去看他，见上一面，心里一直很内疚。

刘老是一位参加革命很早的老红军，是一位部队转业的将军，他到民政厅工作20多年，担任厅长、党组书记。他是"官"却不像"官"，平易近人，没有一点架子，干群关系很好。在他领导下，做工作不受拘束，心情愉快，工作有干劲，大家都很敬重他。

我是做优抚工作的，随他出差两次，他对我教育很深。第一次是到东台县。东台是革命老区，优抚对象多。刘老从部队转业来不久，就率领我们去检查优抚工作，除听取县领导同志汇报以外，还深入到公社、大队基层，作调查研究，掌握第一手资料。每到一处都要逐户走访、慰问优抚对象，并召开基层干部、优抚对象和社员代表座谈会，认真听取他们对民政工作的意见和要求。对于检查中发现的问题，他不是以领导者身份，对我们和基层干部进行批评、训斥，而是以同志式的态度，讨论、商量的口气，研究帮助解决。那时，农村交通很不便利，生活比较艰苦，刘老年龄大，身体又不好，仍和我们一样，靠两条腿走路，吃在公社食堂，宿在大队仓库。白天忙工作，晚上与我们聊天，说说笑笑，亲密无间，像老大哥一样对待我们。解放前，刘老曾率部队在三仓一带住过，和敌人打过仗，那里许多老烈属、老伤残、复员军人都认识他，大家奔走相告"刘政委来了"，都来看望他。有的邀请政委去他们家作客，有的送来了农副产品，这些都被刘老婉言谢绝了。

第九章 战友怀念，留芳在人间

第二次是到盐城。盐城是重建新四军军部所在地，刘老曾在军部工作，在那里和敌人战斗过，故地重游，特别有感情。盐城地委、行署和军分区领导同志得知刘老过去的身份，对他去检查工作都很重视，并事先将住处安排好。刘老到了后，他们亲自来看望接待他。刘老被安排原准备接待苏联专家的向阳楼，我们三人安排在小招待所。他住下后，就来找我们，在向阳楼楼上、楼下找个遍不见我们，问服务员才得知我们的住处。他一听就火了，随即请服务员把专署民政局局长黄克同志找来，当面发"脾气"，并责问说："同我来的三个同志住哪儿去了，为什么把我们分开？叫我搞特殊化、脱离群众？我不喜欢这一套……"这时交际处洪处长也来了，和黄局长一道，再三解释说："这是地委安排的，向阳楼房间不多，还有别的客人。"我们三人也来做他工作，这时他的气才慢慢消下去，并说："这次我不为难你们，到县里去可不许这样做。大家住一起，研究工作方便，生活又不寂寞。"这是我第一次见刘老发脾气，他不是对那个人有意见，而是对搞特殊化、分等级、脱离群众的做法有看法，这就是他在部队长期做政治工作形成的党的优良传统。

1964 年，我在句容县后白公社参加社教工作。这个公社是山岭地区，易涝易旱，经常遭受灾害，群众生活比较困难，就在当年严冬腊月的季节，刘老带着患气管炎哮喘病的身体率领一个工作组来我所在大队检查群众生活安排情况。他听取我们社教工作队的同志和大队干部汇报后，我劝他留在大队部休息，取取暖，我们社教队同志配合你们工作组到各生产小队去检查。他一听不高兴问我："我是来休息，还是来工作的？"硬是坚持和我们一道，翻山越岭，走访、慰问生活困难的群众，发现问题当场研究解决。我所在大队离公社约一里路，请他回公社吃住，他不听，和我们社教工作队的队员一样，在社员家代伙，喝稀饭、睡稻草地，与我同盖一条被。我睡着了，将腿脚伸出来，他轻轻地把被子给我盖好。刘老这种深入细致的工作作风，艰苦奋斗的革命精神给我们每个社教工作队同志和基层干部群众上了一堂极其深刻的革命传统教育课。

对待机关同志生活疾苦，他也十分关心。我患高血压病，眼底视网膜出血，他一直放在心上。每次见到我，都要问我病情，并叮嘱要积极治病，注意保重。他调离民政厅去政协工作，还不时打电话来询问。前几年，他已有80多岁的高龄，和老伴赵倩同志专程来我们宿舍看望我和王盛旭同志，像慈母般地关怀我们，我们两家人非常感激。翟玉亭同志原是机关普通档案管理员，"文化大革命"中她和老伴徐同志被下放响水县农村，并在当地办理了退休手续，不久，老徐去世了。她和老徐未生儿育女，徐前妻生的孩子待她不好，无依无靠，只剩她一个孤病老太婆，生活极其困难。她到处求救无门，曾想到死。在绝望中，听说省民政厅恢复，刘老厅长又回来了。她来宁找刘老，要求仍回机关。由于她已在当地办理了退休，按当时政策实在不好办。但刘老对她的遭遇和不幸非常同情，亲自过问，派专人去同组织人事部门商量，被作为特殊情况处理，调回机关。现她已改办离休，享受副处级待遇。她对刘老非常感激，遇到机关老同志就说："我的命是刘厅长救的。"她对刘老的去世，十分悲伤，经常流泪。

通过这些具体事情，可以看出刘老的为人品质。他对党的事业的无限忠诚，工作作风深入民主，生活艰苦朴素，对群众疾苦关心爱护，处处以身作则，宽厚待人，干群关系十分融洽。刘老不愧是党的优秀干部,是我们大家热爱的好领导。他的革命精神和高尚的思想品质,永远是我们学习的榜样。我们的老厅长刘毓标同志将永远活在我们心中!

王球琳
一九九八年二月四日

图书在版编目（CIP）数据

我的父亲刘毓标：开国将军的戎马人生 / 刘华苏著. —北京：中国书籍出版社，2014.3
（红色年轮丛书）
ISBN 978-7-5068-4045-3

Ⅰ.①我… Ⅱ.①刘… Ⅲ.①刘毓标（1908~1997）—生平事迹 Ⅳ.①K825.2

中国版本图书馆 CIP 数据核字（2014）第 025863 号

我的父亲刘毓标——开国将军的戎马人生

刘华苏　著

特约编辑	张振华　小　东
责任编辑	许艳辉
责任印制	孙马飞　张智勇
封面设计	上智博文
出版发行	中国书籍出版社
地　　址	北京市丰台区三路居路 97 号（邮编：100073）
电　　话	（010）52257143（总编室）　　（010）52257153（发行部）
电子邮箱	chinabp@vip.sina.com
经　　销	全国新华书店
印　　刷	三河市国源印刷有限公司
开　　本	710 毫米×1000 毫米　1/16
字　　数	180 千字
印　　张	16
版　　次	2014 年 3 月第 1 版　2014 年 3 月第 1 次印刷
书　　号	ISBN 978-7-5068-4045-3
定　　价	36.00 元

版权所有　翻印必究